言葉と文体

修辞法の試み

佐藤信衛 著

梓出版社

言葉と文体

——修辞法の試み　目次

言葉と文体

――修辞法の試み

序章　問題——心と言葉

心と言葉と密接な関係があることは誰にもすぐ分かる。心は言葉に表されて明らかになる。言葉に表されてはじめてそれと気がつくような心もある。また言葉がはじめて創り出すと思われるような心もある。言葉が一種の心を宿している。「紅の旗がひるがえる」、「ぬかるみが果てしなくつづく」と言えば、ただ赤い旗を見、雨後の道を見るのとは自ずからちがった感じがこれらの言葉の上に現れている。この感じは言葉または文字を離れてはない。心と言葉とが一つになっている。

しかし心と言葉とはいつも一つではないので、言葉に表すのが難しいような心もある。心には感じていてもそれが口に出して言えないのである。それを言い表そうとしてさまざまな言いかたが試みられる。同じ心が外国語でも表される。心が主で言葉が従であることが分かる。心が言葉の素である。言葉ができてしまえば、その響きや文字の形によって或る感じを生み、それがもとの心に加わり、いつも言葉で感じるようになり、言葉にあるような感じを抱くようになる。ただ赤い旗を見るのではなく、くれないの旗がひるがえると見るようになる。

心と言葉とのこの関係は考えるはたらきに殊に明らかである。考えるはたらきの基本は判断であり、判断を連ねたものが推理である。判断は一つの考えを主語として、それに他の考えを述語として付け加えることである。同じ一つのことを見るか思うかしたとしても、それを何と考えるか、それについて何と言うか、は人によってちがう。そのちがうものを表すには言葉によるよりほかはない。感覚は同じでも、それについて判断することはさまざまなので、もし黙っていたのではどんな判断があるのか分からない。また、言葉に表してはじめて判断は明らかになる。「これは犬だ」と言うことによって何を考えているかが明らかになり、そのとき心にある他のものとの弁えが明らかになる。そう言わなくとも、それに似たものの記憶によって熟知の感じが起こっているが、犬と言えばそれが確定される。野の向こうに何やら動くものを見て「犬だ」と言うようなときは、やや複雑な推理が動いていて、この一語にもそのような意味が籠められている。さらに、「これは犬とは少し違う」、「これは犬ではない」などと言うようなことになると、もう言葉を用いずには表し難いものがある。

考えと言葉とは別ものである。考えることとそれを話したり書いたりすることとは明らかにちがう。考えは記憶や想像の上に動くもので、その迅い微妙な動きはそれを順に言葉に言い表したり書いたりする行いとは明らかにちがっている。また、同じ考えが種々の異なる国語で言い現されるところを見ても、考えが言葉を離れてもあると考えてよさそうである。ここでも考えが主で言葉は従である。言葉は考えを表す一つの手段である。種々の国語はそれぞれそういう異なる手段なのであって、異なる言葉は同じものやことを表すことによって互いに一致し、それによって価値の等しい手段と見なされる。しかしこの手段の言葉は、やがて考えそのものと結びついて手段以上のものとなる。記憶や想像はそれを表す言葉と結びつき、初めから言葉を記憶し想像するようになる。初めから言葉に縁って考え、いつでも話され書かれることを待っているようである。そこから言葉の外には考えはないと思われてしまうことにもなる。それは誤りと思うが、考えと言葉との関係はそう思われるくらい密接である。もし言葉がなかったなら、人の考えはどれほども進まなかったであろう。言葉がなかったなら、記憶も困難であったろう。ことがらそのものではなくそれを表す言葉を記憶するから、永くかつ多く心に残るのである。言葉がなかったら考えの意味を明らかに定めることはできなかったであろう。多くのものをそれぞれ記憶し、また互いに区別することはできなかったであろう。判断や推理もよく行われなかったであろう。話しながら書きながら考えて行くという人があるのは、言葉が分析を更に促すことである。判断や推理の結果を記しておくのは言葉だけである。言葉がなければ、思想が事実をはなれて、その世界を別に築くことはできなかったであろう。

従って人の考えかたについて説く「論理学」は、そのまま言葉づかいや話しかたの教えなのである。アリストテレス以来、考えの掟は、文の作りかた（判断、推理）、言葉の意味の定めかた（定義）、として表されている。これは形をしばらく言葉や文に借りているに過ぎないが、じつにまた考えの掟は話や文の掟に外ならないのである。もしそうなら、先に「論理学」に考えの掟について説き了った今は、言葉や文について説く必要はないわけである。言葉や文のことが閑却されているのは、つまり論理学が閑却されていることなのである。残念なことにこのどちらも事実であるが、論理学が重んじられないのに、言葉や文について注意を促そうとしてもむだである。論理学の意義を識らない者が、言葉や文章の方法の意義を解するわけもない。言うべきことはすべて論理学に尽きている。

しかし、特に国語について二つの問題がある。その一つは、考えを表す手段として国語をととのえるにはいかにすべきかということである。国語にはそれについて種々不備が感じられている。これは一般に言葉について言うのでなく、特に私たちの今の言葉について言うのである。国語固有の問題である。これは論理学自身の与り知らぬことで、論理学外の問題である。しかしやはり論理学と密接な関係があり、その掟の実行に関係がある。今の日用の言葉はとかくこの実行を妨げ、またこの実行がないことが言葉の進歩を妨げている。

問題の二は、或る考えを人に解りやすく説き、また言葉によって人を動かすにはいかにすべきか、ということである。これは考えの真偽を吟味することではなく、それとは別にある考えを人に信じさせ、そうして人を動かす技巧のことである。人を説くには、その言葉に精しい理由を具えるのが唯一の正しい方法である。或ることの理由を求めることはすなわち推理である。推理は一面から見れば人を説く法であって、前提で互いに考を合わせ、そうしていやおうなく同じ結論にみちびこうとすることである。しかし、聞く人によっては、そういう精しい推理が却って解りにくいことがある。そのときは推理を簡略にし、ときにはそれを省いて結論だけとし、また感情に訴えるなどの方法がある。それに従ってさまざまな言いかた・話しかたの工夫があるわけである。これは明らかに論理学外の問題である。アリストテレスには、その論理学を結集した「オルガノン」の大著の外に「レトリカ」の一篇があるが、それはこの問題を扱ったものである。従って、ここでも「論理学」に伴ってこの「レトリカ」に当たる考察があっていいはずである、「レトリカ」はすなわち「修辞法」である。（ῥητορική は演説の技術、雄弁術、であって、古代人は今の人が書くところを主に話したのである。アリストテレスの著作集成においては「政治学」に付属するものとして排列されている。）

修辞法は今ではまるで顧みられない。それは殊に国語の口語化以来である。口語は話すように書くことを旨とし、書きかたの工夫などは無用とした。古い文章にあるような、多くは支那文から来た常套の語句などを今はそのまま用いるべきではなく、またその型に嵌った文体に倣うのはおかしい。たしかに文を作るのは心と頭とであって、常套の語句や文例ではない。しかし修辞そのものは決して無用ではない。よい文が人を衝つのは、すなわち修辞の効果であって、達文家はおのおの修辞家なのである。古い修辞法はそのままでは用をなさないが、新しい修辞法はなければならないのである。古く修辞法と言ったのは支那文の修辞法を伝えたものであって、国語の修辞法ではない。国語の修辞法が必要である。文範文例として諸家の作品が読まれるのは、取りも直さずそれを以て修辞法に代えようとしているのであって、修辞法としてはごく初歩である。修辞法が求められるなら、それはなければならない。殊に今の国語のよくないことを考えると、それを救うものは修辞法の外にはなさそうに思われる。今の国語は一人の悪文家の作品とも見られる。

この二つの問題のために修辞法が求められる。その意味を更に考えてみるのに、第一の問題の推理に適するように、国語を改めるということである。これは論理学の問題と言うよりは言語の問題である。そして特に国語の問題である。国語が推理に適さない言語だとは思わない。推理の手段としての適否を言うことになれば、どの国語も大同小異であろう。言語そのものが適するかどうかということになろう。最もよい手段を求めるなら、それは数学が用いるような記号であろう。言語を用いるかぎりは、特に今の私たちの国語を不向きなものとしてしまうことはできない。たしかに不向きな言語もある。例えば、古い支那文の古語成句を連ねたようなものでは思うままを表すには向かない。どうしても思想が文章に拘束される。殊に支那文字に拘束される。また未開人の言葉は、言葉の種類も数も少なく構文も簡単で多くを表すことはできまい。これで見ると、表す手段として向かない言葉もあることが分かる。今の口語化された国語には、自由な表現の手段としての障碍は除かれたと言ってよい。しかし欠点も多いことを考えてみなければならない。古い支那文まがいの文や未開人の言葉などと同じように、言語には欠点のあり得ることを考えなければならない、使いなれていてはなかなか気づかないことであるけれども。口語化による国語の改新はどうやらうまくいった。数学の証明も哲学の論議もそれで書き表すことができる。西洋のそういう種類の文献を翻訳することもできる。今の国語が生まれつき推理に向かないものだなどという説は、うかつに信じる気にはなれない。しかしまだまだ欠点があり不自由が多いことは認めないわけにはいかない。口語化の手続きを今から見ると、急ぎ仕事とは言え、ずいぶんお粗末であった。漢字を使って簡単に新語を作ることを許し、そういう不熟な言葉を氾濫させたのもまずかった。

そのため体言過多となり、それが用言のはたらきを萎縮させ、文や文のつらなりやそのまとまり——それがすなわち推理であるが——についての感じを鈍くした。推理と精しく表そうとするには接続詞や「テニヲハ」の使いかたによほど細かな注意を払わなければならない。更にそれを分かりやすく明らかに表そうとするには、用語の選択にも骨折らなければならない。一方ではいらない言葉が多過ぎ、他方ではいる言葉が欠けているというありさまである。

同じことは翻訳文にもあるので、あるいは俑を作ったのはこれであるかも知れないが、西洋のどんな種類の文章も国語に直すことができ、そうして生れた翻訳文は夥しいが、そのどれもが手際がいいと言うことはできない。国語に適当な訳語が見当たらない場合には、直ぐ新語を作って当てたのなぞはかなり乱暴と言える。それでは言葉の上の翻訳にはなっても、思想の翻訳にはならない。原文の同じ思想が国語の中に根づいたとは言えない。ほんとうは思想を先ず移しておいて、それが自ら言葉を探すことになるのが順序なのであるから、まるで逆である。何でも翻訳された割には、知識や思想はいっこう移って来てはいない。そのように思想を伴わない国語、つまり半死半生の国語、がどれだけ私たちの考えることや話すことを妨げていることであろう。たしかに妨げているのである。ただそれに気づかないだけである。

国語には国語特有の考えかたがあると説く人がある。そこから更に、例えばギリシャ人の哲学は私たちには向かないとも考える人がある。しかしこれは信じがたい。ギリシャ語の文法と日本語の文法とを比べれば種々の違いがあろう。それは、いく分かはこの二つの民族の頭や心の違いに帰することができるものであろう。しかしこの違いを穿鑿してあまり大きく見ることは誤りである。違わないという目で見れば、私たちはユークリッドもプラトンもアリストテレスも読んでその意を掬みとることができる。ユークリッドについては余すところなくと言ってよいであろう。プラトンやアリストテレスについてはほぼと言ってよいであろう。もしこれらの理解についてなお残るところは、歴史を考え合わせて補整すればその差も殆ど尽きてしまうであろう。そしてまた、これらの古代諸家はそれをよく理解しかつ言葉（日本語）に達した人なら、必ず正しく国語に移すことができるのである。日本語がギリシャ語に似ないところから、ギリシャ人のしたことを我が事に非ずとして省みようとしないなら誤っている。西洋の近世の科学を移植するのに骨折っているのに、その原流であり原型であるギリシャの哲学や数学を棄ててかまわないというのはおかしい。もしギリシャ語と日本語との違いを言うなら、彼にはユークリッドやプラトンやアリストテレスがあるのに我にはないということである。この違いを小さく見ようとするならそれは却って誤りである。そしてこれは国語そのものにもとづくちがいではない。もしただ言語としての違いを言うなら、ギリシャ語と日本語との違いは、日本語が中古文と現代文とで違うのと同じことであろう。

私たちは国語をはなれることができないように、その語根、語順などの固有の特徴を離れることができないが、しかしこの特徴をそのままに正しくよく表す言いかたを見いだすことができる。

国語の違いによって思想の違いを見ようとするのは歴史家の立場であろう。或る国民は或る時期には推理を精しく表すことができなかった。あるいはそれがまだできない国民がある、などと言い得るに過ぎまい。たしかに言語は民俗学には好個の資料である。或る国語の文法はその知力の程度を表していようし、またその語彙について見れば、その時代または民族の関心や思想の程度（例えば抽象の程度）やを察することができる。しかしそこからその国語の能力を決めてしまうことはできまい。日本語についても同じである。

このように、国語に特有な考えかたということについては少しも気にしないでいいが、いつも心が主で言葉はそれに伴うもので、その心はほぼ人類に通じて同じいと言ってよいと思うが、もし国語が乱れていて、例えば推理に適するような明らかな文体がないとすれば、いきおい正しい推理は行われまい。多くの単語が意義も定まらぬままに用いられているようなら、思想はいつまでも明確にはならない。言語が思想を定めるということについて考えるべきことがあるとすれば、これだけであろう。その点で今の国語はたしかに種々の障碍を現している。

第二の問題は、今の国語を洗練し、それぞれの目的に応じて効果をあげるよう工夫することである。これは古来の修辞法の問題である。殊に国語にはそのようなまとまった考察は乏しい。明治になって漸く二、三の試みが見られるが、いずれも西洋の修辞学に倣ったものである。島村瀧太郎『新美辞学』、五十嵐力『新文章講話』等がそれであって、その説は広くかつ精しいが、もし憾みを言えば、国語の要求や特質や欠陥に必ずしも正しく応じていないことである。而も今の国語が修辞法を必要としないとは言えない。今の国語は口語化による改革の行われた直後である。新しい語辞や文章はまだ形をととのえる遑がない。それをするのは一種の修辞法の外にはない。

修辞法はどのみち損な役割である。いちおうなくてはならぬことが考えられていながら、その役はいつも高く買われない。論理学と言えば重いが、修辞法と言えば軽い。アリストテレスの「レトリカ」は「オルガノン」には入れられていない。一二巻の *Institutio Oratoria* によって、その著者クインティリアヌスの名を喧伝する人はない。F・ベーコンやミルは絶えず騒がれたが、近代の新しい修辞学を編んだ Blair や Campbell や Whately を言う人はない。それは真に文章を作るのは修辞法ではなくて、作家その人だからであろう。人を動かすのはでき上がった作品であり、何よりもそういう作品が最も有効な修辞法と認められるのであろう。しかしまた修辞法は登山者の地図のようなものである。地図を作るものは山に登りはしない。地図を描いて登らないものは笑われる。しかし登る者も地図にたよらないということはない。而も登頂者は誰も地図の功を口にしない。誰でも自己の文体を発見するまでは諸家の作品を読みあさって、やがてそのよしあしや好みやを言うようになるのであるが、これは一種の修辞法であり、もし修辞法の助言があれば目を開くこともどんなに早かったであろう。殊に今の国語について考えるとき、その足らないところを見、進むべき方を知るのは修辞法を措いてはないと思われる。語句または文字には選択されるべきものがあり、造語にはその法を明らかにすべきものがあり、語法にはととのえるべきものがあり、また時と人に従って説きかたに工夫すべきものがあり、これは何よりも修辞法の課題である。もしそういう工夫によって国語がさらに改良されたなら、自分の心を表すことも、互に話し合うことも、どれだけ自由になることであろう。それがまたどれだけ思考を自由にし正しくすることであろう。

修辞法の役は軽くそして重い。文章は末技として軽んじられるが、しかしその末技が難しい。文章の作りかたを習う機会がいちどもないようなのはおかしい。口語文は、話すとおりに書くこととして、書きかたに心を用いようとしないが、書くことは自ずからまた別である。話すことは誰もするが、書くことは必ずしも意のままに行かない。自由に書くという人は却って少ない。書きかたがたしかにあるのである。その上、同じ話すにもさまざまな話しかたがあるように、書きかたにも工夫がある。書きかたで文の効果には著しい差がある。そういう考慮はいっこう払われていないように見える。文は決して末技ではない。説きかた、あるいは書きかたは殆ど考えかたなのである。用語や語法の適否の感じが明らかでなければ、推理も正しくは行われない。論理学はもと論争に伴って起こり、そのための工夫だったのである。昔の人が多く口で言ったことを今は主に書くのであるから、論理学は今は作文の術と言うこともできる。論理学の近い入口はここにあるのかも知れない。

国語改良論者の説くのを見ると、漢字制限、仮名づかい等に集中していて文章を殆ど疎かにしている。しかし文章こそ言語の生きた姿であり、文字や用語もそのためのものである。手足は体から切りはなしたのでは直ぐ死んでしまう。修辞は即ち修飾と思われているようなのは誤りである。飾はいつもいるものではないが、文章の体をととのえることは欠かせない。国語改良論は修辞法によって先ず新国語の木組みを作らなければならない。文字の論はそれに伴ってあるべき造作の仕事である。

第一章　推理の文

1　その基本型

文章の種類を分けて仮に次の三つとしよう。

(1)　推理の文

(2)　記実の文

(3)　感情の文

推理の文は考えを述べるもの、記実の文は事実をそのまま写す文、感情の文は気持（或る感動、好悪、意見、意向など）を表す文、である。

文は心を表すと同時にそれを人に伝えることにもなるので、この三種の文はそれぞれ、推理に訴える文、想像に訴える文、感情に訴える文、ともなる。もし人を動かすことを主として考えるなら、推理の文が同時に想像や感情にも訴えて、その目的を遂げようとすることにもなる。感情の文は気持を伝えようとして、推理や記実を含むことになるのは当然である。例えば、小説は明らかに感情の文であるが、推理や記実も織り込まれている。

文章の種類は多く、その分類もさまざまに試みられているが、今はこの三種類を考えれば足りる。中でも主とするのは推理の文である。

推理のままをただ述べるのと、それを人に伝えるのとでは、明らかに違う。人に伝えるには、その人の理解の程度を考えて言葉を加減しなければならない。簡略ですむこともあり、詳しく言わなければならないこともあり、また簡略なのが却っていいこともある。また、人を動かすのに推理に訴え、推理がそういう手段に使われることがある。これはまた少し違う場合である。それを説得の文として別に考えよう。この場合でも根本は推理であるから、推理をただそのまま述べることを先ず考えるべきである。

推理が結論とその前提とから成るように、推理の文を組み立てる要素は或る主張とその理由とである。主張だけがあって理由を欠くなら、それはただ感情または意志を表すものと見るべきであろう。理由が述べられてあれば、結論を伴わぬということはない。あらわに言い出されていないでも理由の中に含まれている。

この推理文の原型は幾何学の証明に見られる。これは主張もその理由の説明も明白で少しも紛れがない。他の場合もこの例に従って二つの要素を備えなければならないが、型どおりに行くことは殆どない。あれば事理明白で敢えて言うに及ばずという場合である。型どおりではなくとも、主張と理由（或る結論とその前提）に当たるものを欠くことはできない。それが欠けてはそもそも推理をなさない。ただその主張も、推理も理由も型の如く明白に確実に成り得ないだけのことである。理由が明白に言えるということは、他の場合ではなかなかないのである。明白のように見えるときでも、それはそれらしく言っているに過ぎない。幾何学では、すべての理由をもとづける原理が公理として定まっているが、他の場合ではそうではない。この原理について先ず意見のちがいがある。この原理を選ぶものは、感情、意志、思想、人格などである。この原理を先ず選んで証明するのに言葉が多くなり、而も思うように確かにはならない。理由の確かさの程度が異なるに従って、それにもとづく結論の価値を量ることも面倒になる。「である」と断言できる場合は少なくて、「であるらしい」と言ったり、「であり得る」と言ったりさまざまになる。結論がいつも明らかに下せるとは限らないのであるから、それを明らかでないままに述べるということも止むを得ないので、但し理由は欠かせないのであるから、その明らかでない理由をつとめて明らかに述べなければならない。とにかく結論とその理由とこの二つは推理の文が欠くことのできない要素である。一篇のまとまった文なら結論は一つ、理由はそれを言うためのものであろう。その理由の説明の中にはまた理由を言うべきことがあり、またその結論から出て来ることがらについて更に言い及ぶことがあろう。しかしそれは幹から岐れた枝葉であって、推理文の基本の型がそのつど反覆されるに過ぎない。ここではただ一つの文、即ち基本型、について見れば足りる。

前提と結論ということは考えの動かしがたい順序を表しているが、それを述べる順序はどうなってもよい。これは順逆二通りの順序があり得る。すなわち、前提を述べて順に結論にみちびくものと、結論を先に出して、溯って理由を明らかにして行くのとである。推理としては順序は一つしかないのであるから、これは聞き手に与える効果のためのもので、修辞上の順序である。

もし文飾というべきものをすべて省いても、主張とその理由との二つの要素だけは欠いてはならない。飾るのはこの骨組が備わった後のことである。言うべきことが定まっていればこそ、いかに言うべきかについて工夫をめぐらすことにもなり、またその言いかたによって説得の効果を強めることも意義がある。何を言うべきかが明らかでないような文があるわけもないと思われるが、実際は決してそうではない。たしかに推理の文であるはずでいて、而も結論もその理由も明らかでないようなものが多いのである。論文、評論などと言うものの十中九は、首尾も捉え難いようなものであろう。修辞法を無用のように言うのは、じつに謂われのないことである。結論や理由に当たるようなものが何もないとは言えないとしても、読む方で苦心して探し、辛うじて判別するようでは、その修辞は上乗とは言えない。そして修辞の拙さは、一つは推理そのものが明らかでないことから来る。もし推理が明らかで、それが修飾なく述べられてあれば、たとえ文辞は拙くとも直ぐ心に入る。今のように文の修辞が重んじられないときには、推理の明らかなことは最も有数な修辞と言えよう。理路がただ通っているという文章を見ることさえ稀である。ここでもただ推理を明らかに述べることを修辞の根本方針と考え、さしあたりそのための技巧について考えようとするのである。

2　文と語

推理のしかたについて考えるのは論理学であって、修辞法はそれを言葉に表すしかたである。その叙述の効果を増すということを考える前に、ともかく正しく叙述することについて考えなければならない。そしてその叙述の手段として問題となるのは国語、特に今の国語である。（これが先に修辞法の二つの問題と言った初めの方である。）推理の文には意味の明らかでない言葉を用いてはならない。少し意味の分かりにくい言葉や新しい言葉が出て来たなら、必ず説明を付けなければならない。説明する言葉は、説明なしでも解るようなものでなければならない。またその推理の筋に関りのない言葉をあまり用いてはならない。ことがらそのものを表す言葉と推理の進みを表す言葉の外は、つとめて避けなければならない。

いったい行きとどいた推理の文は、単語の数は少ないものである。その文を読めばいちおう論旨が解るようになっており、またその文を読んで解らない言葉はないようになっている。それに反して文のはたらきが目立つはずである。

文のはたらきを表すのは動詞、助動詞、「テニヲハ」、接続詞などである。推理は考えの比較や区別のことであり、その結果、考えをならべる先後の順序が眼目となるのであって、推理の文はその順序を表すことを主としなければならない。いきおい、動詞、助動詞、「テニヲハ」、接続詞などの役が多くなる。これらの詞を総称して用言ということにすれば、文の主役は、名詞や名詞句の体言よりも用言である。これは推理の文のことだけではなく、すべての種類の文がそうなのである。推理のはたらきを表す用言は、多くは日常通用の言葉で足りるものであり、その推理の主語またはは述語となることがらには体言が用いられるが、それはそう多くあるべきものではなく、また一々定義があるべきものである。

悪い推理の文の常として、通常でない言葉や不用な言葉が多いが、これは推理すべきところを形容し、定義すべきところをただ他の言葉でいろいろに言い換えようとするからである。また名詞が多いのは、ことがらがよく整理されず推理が行きとどかないものと見てよい。

3　漢字と漢語

国語には推理の文を特に妨げるかと思われる事情がある。それは漢字とその漢字を組み合わせた用語すなわち漢語とである。漢字は制限すべきであるが、その理由は、用字を簡易にするということの外にまだ他の理由がある。

それは一つには、漢語を用いるため、用言まで体言化する傾きがあり、それは例えば「用いる」と言えばいいところを「使用する」というようであって、体言と用言との地位が見た目に判然とせず、ひいては単語だけが目立ち文のはたらきは抑えられてしまう。漢語は用言のはたらきを妨げ、延いては用言による文の統一を妨げる。

また二つには、漢字の組み合わせによる造語がわけなくできるため、或る考えについて新しく言葉を造ってその考えの定義に代え、そして説明やそのための推理やを省くようになることである。言葉を造るだけで、定義や判断を省けば、その言葉は見る人がてんでに解釈し、その意味はまちまちになる。そしてまた言葉の意味を解釈することが主となって、判断や推理の試みはなくなり、ことがらそのものを見ようとすることもなくなる。また、漢字にはこのような言葉の上の詮索に都合のいいようなところがある。一つ一つに見た漢字はそれぞれ意味があるが、それが曖昧でいろいろな解釈を容れる余地がある。例えば「認識」、「直観」などという言葉を作っている一つ一つの文字は、それぞれに明確でないまでも何とか解る意味があり、そのような意味にたよってこれらの熟語も定義を待たずに解釈する。定義を付けても、その文字から来る先入主があるから、その定義が却って受け入れられない。もし新造語の文字がうまく選ばれていれば、それで定義に代わることにもなるが、そういうことは先ずない。「認識」と「知識」、「直観」と「直覚」と「直感」などを文字の上だけでどうして区別できよう。もしこれらの言葉の正しい定義を知った上は、新しい造語のために漢字を用いるという理由は何もなくなってしまう。そうなら、この場合は新文字はただ記号に過ぎなくなるから、それらが持っている意味は少しも障りではなくなる。而も私たちは「認」、「識」、「直」、「観」などという文字を漢字として見ているのではない。それぞれ、「みとむ」、「しる」、「すぐに」、「みる」、など訓(すなわち相当する国語、国語訳)を同時に思い浮かべ、つまり国語として見ている。それを組み合わせた熟語も、「みとめ知り」、「直ぐ見」、というように解釈している。漢字は却って仮字に過ぎない。このような新造語に漢字を用いることは、ただ習慣、なくともよい習慣、むしろ悪い習慣、である。

ここではただ推理の文と漢語（漢字を用いて書き表された言葉）との関係を考えればよいのであるが、ついでに国語と漢語との関係について付け加えておきたい。

国語の中の漢語はもと外来語として採り入れられたものである。外来語を文字も発音も原語のままで用いたのである。従って、もとは支那にない漢語はなかったのである。我国で作られた漢語も全くないことはなかったが、それは例外であって、漢語をまねて作った国語と言うべきで、多くは俗語である。この外来語は、制度、技術、物品、知識、道徳、宗教などとともに入って来たので、これらの文物について話しまた記すのはその外国語でしたのである。支那文化の渡来の初めは我国には文字さえなかったから、しばらくこの外国語を借りてその音によって言葉を書き記す用としたのである。

しかし、これらの外来語も音の外に訓を持っていて、単なる外来語ではない。訓によって強いて言い直せば言い直すこともできたのであるから、外来の漢語と言っても簡約された国語なのであった。（漢語の文字と音の方がその和訓よりも多くの場合簡単である。）

而も国語にこの外国語が入って来て占めた場所はかぎられていて、主に名詞であって、その名詞が形容詞・動詞など用言の語幹として借用された場合もある。名詞は事物の名であるから、その事物が我国のものとなった上は、その言葉も必ずしも外国語扱いをしなくともよく、同化した国語あるいは帰化した国語と言ってよい。また、学問は専ら支那の古典に拠ったのであるから、これもとの言葉をそのまま用いるほかしかたがなかったのであろう。

しかし、これらの名詞（他に数詞、或る種の副詞）の外には、国語にこの外国語が入って来たところはないのであって、文章としては国語そのままの姿が保たれ、形容詞、動詞、接続詞、「テニヲハ」によってそのはたらきが指定されているのであるから、支那語の資格を自ら棄てて国語化したのである。

逆に言えば、支那文もいわゆる「点図」によって国文のように読んだことを考えれば、支那文も国文と見るべきであり、外国語と見るのは当たらないかも知れない。支那と我国との文化の密接な関係を考えてもそう言うべきかも知れない。

このように考えると、言葉の上だけから見れば、漢語が国語の中で占める地位は少しも重くはない。全く同化していて外国語扱いしなくともよいものか、漢語を用いずともその和訓に当る国語に代えてもよいものか、どちらかである。強いて言えば漢語はいらないのである。徳川時代の国学者は国語だけで書いたが、初めからそうすればすべてそうなったはずである。国学者の書いたものが何か故らのように感じられるのは、漢語を用いて書いたものと比べるからである。一例をあげれば――。

（本居宣長『古事記傳』一之巻）

古記典等總論《イニシヘブミドモノスベテノサダ》

〔前略〕こゝに平城宮御宇《ナラノミヤニアメシタシロシメシシ》天津御代豊國成姫ノ天皇ノ御代、和銅四年九月十八日に、太朝臣安萬侶《オホノアソミヤスマロ》に詔《オホミコト》おふせて、この古事記を撰録《ツクラ》しめ給ふ、〔中略〕さて此記は、字《モジ》の文《アヤ》をもかざらずて、もはら古語《フルコト》をむねとはして、古への實《マコト》のありさまを失《ウシナ》はじと勤《ツトメ》たること、序に見え、又今次々《ツギツギ》に云が如し、然るに彼ノ書紀いできてより、世ノ人おしなべて、彼レをのみ尊《タフト》み用ひて、此記は名をだに知ラぬも多し、其ノ所以《ユヱ》はいかにといふに、漢籍《カラブミ》の學問《マナビ》さかりに行はれて、何事も彼ノ國のさまをのみ、人毎にうらやみ好《コノ》むからに、書紀の、その漢國《カラクニ》の國史と云フふみのさまに似たるをよろこびて、此記のすなほなるを見ては、正《マサ》しき國史の體《サマ》にあらずなど云て、取ラずなりぬるものぞ、〔後略〕

さて幕末から明治へかけて蘭学を先駆として西洋の文化、学術が入って来るにつれて、漢語の大増加が見られた。それは蘭学者を始め、西洋学者が西洋語を翻訳するのに専ら漢語を用いたからである。これはただ幕府の漢学尊重の風から来たことで、そのほかには何の理由もなかった。古い漢語を借りて当てたこともあるが、多くは新しく造った。それにつれて漢語による造語が国語に普通なことになった。これが特に著しいことである。そこで国語史の上で漢語が最も多く用いられる時代が来た。支那からの新しい影響は全くなくなり支那の書物も読まれなくなった時に。

今の漢語の氾濫は前古未曾有の事實にして、これは上の如く西洋の文化及び學術の移植に伴へる副産物といひて可なるさまと見らる。かくして、こゝに我國古來未曾有の漢語旺盛時代といふ變態を生じたり。而してこれらの變態をひき起したる責の大半は明治以後の人々が之を負ふべきものなりとす。

（山田孝雄『國語の中における漢語の研究』）

もし初めに蘭学者が訳語について、漢学者の助力を請う代わりに国学者の意見を求めたなら、訳語はもとより国語の状態も今とはよほどちがった姿をしていたであろう。

一つは漢語による造語は、国語によるのに比べて簡易なところがあったのである。そうして無数にできた明治以後の新漢語は、まことは外来語なのである。それもそれまでの漢語のように外国語（支那語）そのままではなくて、西洋語の仮装したものである。従ってその文字だけで意義を考えるのは誤り易い。ところが人々の多くはそのもとの西洋語を知らないから、めいめい勝手なせんさくをすることになり、国語はますます混乱した。言葉はできても知識や思想は必ずしも伴わず、思想や知識も混乱した。

その頃の翻訳者はもう漢語の知識も十分ではない。蘭学者がすでにそうであったと言われるが、その後の翻訳者はますますそうである。

例えば「会社」、「銀行」、「汽船」、「汽車」などという言葉は、同時にそのものを見ることになったため、新造語という感じは薄れ曲りなりにも国語化したが、「知覚」、「統覚」、「認識」、「直観」などという抽象後は、そのものが直ぐ理解されるというわけには行かず、従っていつまでも国語化せず、今でも他の日常語から孤立している。これらの原語はその国語では日常語であって、それが学術語として転用されたものである。これで見ると、我国の漢語による新造語は他の国語には例がないことのように思われる。得と言えば得、損と言えば大きな損である。

それ故、例えば心理学はその時直ぐそっくり翻訳されたが、心理学の知識そのものは今もまだ我がものに成り切ってはいないように思われる。今でも私たちの心理学を一つも持っていない。（必ずしも独自の新説という意味ではない。）

もしこの簡易な造語を許さなかったとしたなら、翻訳はすぐそうできなかった代わりに、その言葉の中身を理解することは却ってもっと進んでいたかも知れない。なぜなら、そうなれば訳語を手持ちの日常語から探すか、それを転用するかしなければならず、それにはそのことがらを理解しなければならないから。先ずよく理解されたことがらが次に自ら言葉を求めることになるので、造語の手続は逆になったであろう。

どうすればいいのか。問題は二つに分かれる。一つは国語の中の漢語をどうするかということである。一つは漢語の造語法によってできた新語をどうするかということである。第二の問題は第一の問題によっていくらか左右される。

漢語をすべて廃めるということも、決して架空の議論ではない。漢語と国語とは明らかに別な言葉であり、国語に今ある漢語も多くは音と訓とを別々に持っているのだから、いつでも訓だけにすることができ、あるいは他の言葉

（国語）に言い換えることもでき、漢語全廃ということはいつか実現するかも知れない。例えば、「左右される」というところは「動かされる」、「従って変わる」と言えばよく、「実現する」は「そうなる」と言えばよく、「使用」は「使うこと」、「習慣」は「ならわし」、というようにして少しも意味に変わりはなく、おかしくもならない。

しかしまた考え直してみると、多くの漢語は永い間に同化されて殆ど国語になっている。「愛す」また「死す」は国語と言ってよいであろう。「かなしむ」、「いとおしむ」また「みまかる」、「うす」などと言い換えても同じ意味は伝わらないであろう。「意味」は「いみ」と言ってもよく通り、漢字で書かなくともよい。その他、「実に」、「特に」、「単に」、「楽に」、「変に」、「一層」、「大分」、「大変」、「是非」、「万一」、「無論」、「到底」、「皆目」などは、今ではむしろ最も国語らしい国語と言えよう。同じことは国語中の漢語のすべてについて言えるわけである。

そうすると、問題は「全か無か」ではなく、「どれとどれ」ということで、国語化した漢語を選り分けることになる。日常語になっていない漢語はすべてやめ、これからも使用を禁じることとし、日常語になっているものは帰化を認めて国籍を与えるが、他の国語で言い換えてさしつかえのないものは言い換えてその数を減らして行く。今はこの使わなくてすむ漢語が多過ぎるのである。明治以来特にそうなのである。国語学者は正しい現代語感を以ってこの移民官の仕事に当たるべきである。

前に引いた国語学者の文章を私は無理なものと思わないし、依怙地に書かれたものとも思わない。国語の文章はこうあるべきものであろう。しかし、この書きかたが支配力を増して漢語を抑え、国語の広い領域を占めるようになるときが来なければ、やはりこの文章は行われないであろう。今の私たちにはやはり無理と感じられる。「イニシヘブミドモ」、「スベテノサダ」、「フルゴト」、「マナビ」というような言葉が現代語になっていないからである。私たちはやはりここに書いているように書く。私は、あるいはもう少し和らげて漢語を省いて、而も無理なく書くことができそうに思う。しかしこの程度でも満足している。それはこのくらいの漢語は国語と認めてよいように思っているし、またそれでよく現代語と合っていると思っているからである。現代語が急に変わるということがなければ、このような書きかたもそう急に古びることはなかろう。

さて第二の問題であるが、答はもう出ている。もし漢語を全廃するなら、むろん漢語の造語法によった新語はみないけない。しかし、国語化した漢語は認めることにするなら、新語について選り分けることが仕事になる。ところで、学術語のような抽象語はこの選り分けで残りそうなものはごく少ない。いったい学術語、殊に哲学用語などは新造ということはつつしまなければならないのであるが、つつしむといってもそれまでに殆ど何もなかったのだから、新造もやむを得なかったと言えよう。しかし、それなら原語そのままと言ってよいような新漢語を造るよりは、俗語（現代の国語）から選んで当てて用いるべきであった。だから今の術語がやがて耳なれて国語と同化して来るのを待つか、少しずつ適当な俗語に言い換えて行くか、するほかない。いずれにせよ小さな問題ではないが、これは国語学者だけの手には負えず、国語の問題と言うよりはこれらの学問そのものの問題である。

哲学者は、多くその言葉によって記憶されている。例えば、F・ベーコンの〈idola〉の説などはこの奇らしい名によって記憶に残ったと言えよう。（この考えそのものはすでに夙くR・ベーコンにあると言われる。）ベーコンはこの他にも好んで新語を作っている。しかしこのような場合はむしろ少ないので、哲学者が故ら言葉を造ったと思われる場合は少ない。デカルトは〈je pense〉の作者として知られているが、原文にはこの言葉は二、三箇所出ているに過ぎず、これを振り回した形跡はない。いったいにデカルトは新語や特殊な用語を使った人ではない。その用語の多くはスコラに脈を引いていると見る人もあるが、〈je pense〉さえ見ようではそう考えられるかも知れないが、それは少しせんさくが過ぎよう。もしそうであっても、やはりそれを自分のものとして使っているので、彼は言葉を研究した人ではない。パスカルになると、その弁神論にさえスコラの用語は殆ど残っていない。〈pari〉、〈misère〉、〈finesse〉などという言葉はすぐパスカルのものと知られるが、パスカル自身は言葉を造ったと思っていないことは明らかである。西洋哲学の用語の源泉と言うべきプラトンやアリストテレスもほぼ同じである。殊にプラトンはそうである。プラトンの用語として残っているのは、ただプラトンが頻用した普通のギリシャ語であって、特に造ったりしたものではない。それらの中の四、五の例について字引を引いて見ると、〈ἰδέα〉（見られるもの）、〈εἶδος〉（形）、〈ὕλη〉（材料）、〈ὄν〉（有るもの）、〈ὄντως ὄν〉（有るものの中の有るもの）、〈τὸ τί ἐστι〉（何であるかということ）、〈ἕκαστον αὐτό〉（各がそれ自身あるもの）、〈τὸ ἐπὶ πᾶσι κοινόν〉（すべてに通じてあるもの）、というような調子である。故ら造った言葉とは言えない。今まで残ったのは、この言葉に表された考え、ことがら、である。これらのギリシャ語をその漢語訳と比べてみると、やはりいろいろ考えさせられる。「観念」、「形相」、「質料」、「実有」など言うとたちまち縁遠い窺い難いものになってしまう。

いつも夥しい新語を造ったのは、近頃のドイツの〝教授〟たちである。説いていることがらよりもその言葉におどろかされる。それらの言葉によって果してその人が永く記憶されるかどうか、それは時が経ってみなければ分からない。多くは危ういものである。

4　口語

国語の口語化は正しい進歩であった。言語はときおりこの矯正があって生きかえる。

文語は文としてととのえられた口語である。その他、文献から起こった文語もあり得る。国語における支那語、西欧語におけるラテン語、がその例である。

言語が文章語としてととのい、文字に固定されると、思想や生活とともに絶えず変化する日用の口語との間に遊離を来し、表現にも伝達にも不便を感じるようになる。そこで文語の廃止、口語の文語化、の運動が起こる。国語は明治に入るとともにいちはやくこれをやってのけた。

国語は口語化されて自由を得たが、それと同時に古い文体の持っていた洗錬を失った。口語は新しい文語として形をととのえなければならなくなる。それは再び古い文語に倣うことになるが、古い文語の洗錬は、それが文章の掟に従ったことなのであるから、この掟を求めてそれに直かに則ることにした方がよい。口語化された後の国語にはまだそのような文語としての洗錬がない。文語の掟とは何か。ここに推理の文の規格としてあげたようなことはその一つである。古い文語そのものを復活することは今さらできもせず、また望ましくもないが、その古い文語も支配したはずの掟には従わなければならない。

口語化は、言葉を解り易く使いよくするというのがたしかに一つの理由である。目にも耳にも疎い言葉をやめ、日々の話にあるようなよく解る生きた言葉だけにしようとするのである。しかし理由はそれだけではなく、それよりむしろだいじな理由は、言葉を生きた考えや心に結びつけることである。よく解る考えは、自分にたしかめられるもののほかはない。そしてそれを最もよく表すものは日常の口語である。

文語文は読みやすく、語法もととのっているが、その見られた常套句は上滑りするようで、心にしっくりしない。語句の型が心を抑えそうにする。口語文はいかにも口振りや言葉つきは身近であるが、文章の体をなさないものが多く、読みにくい。それならどんな言いかたがいいかと言えば、自分の心に返って、それが考えることや感じることとよく合いそれがよく解るというものの外にはない。そしてそのよく解るものを表すものは、日用の口語の外にはない。日用というのは、ここではそれが実用に適するからというのではなく、それが自ずから最も直接で最もよく適合し生きていることを考えるのである。口語化は国語を正すだけではなく、思想を正すことである。しかし考えるとおり、話すとおりを書けばそれがよい文となるのではない。考えることにはその掟があったように、書くことにもその掟がなければならない。口語はその掟を求めて従わなければならない。それがまだ行われていないのである。文語文がいちおうととのっているというなら、それが自ずから文の掟に従ったからである。しかしこれは掟を実現した例の一つに過ぎない。実例を見てさとるくらいなら、掟そのものを知る方がよい。この掟を口語のために（また文語のために）見いだすのが修辞法の役である。修辞法は口語のためになくてはならぬものである。

用語の選択や言いかたに迷うようなときは、日常の口語を省みてその慣用に従うべきである。ふだん話すときは、誰もそうおかしな言葉づかいはしないものである。常識はそうおかしなことを考えたり言ったりすることはないものであり、またおかしなことを言っても誰も解らない。おかしなことを言うのは、悪い文章を読んで、それを口移しに話しているので、悪いのは口語ではなくて、そういう文章である。二、三の仲間が互いにおかしなことを言い合っているのは、その人たちの常識が歪むか、失われたかしているのである。この常識喪失の原因は主に悪い文章である。

古い文語を読みなれた老人は新しい文章は読めないと言う。古い文章はその時代の口語と言うのではなく、その文体の起こりは訓読された支那文にあるらしく思われるが、それなりにととのっており、人はそれを熟読して用語や語法を会得し、それで自分も書いたのである。その人たちから見れば、口語文は助動詞や「テニヲハ」がちがい、用語や語法がちがうというだけでなく、文の仕立てがちがうのである。新しい口語文の助動詞や「テニヲハ」を文語風に直しただけでは文語文とはならず、文語文らしい感じは出ないのである。これは口語の文体が文語のとちがうというのではなく、口語には文体らしいものが未だないからである。文語の文にはあった或る秩序が、口語文にはないのである。もし文語文の助動詞や「テニヲハ」や接続詞だけを口語風に改めたなら、古い人達も読めたであろう。明治の口語文にはまだそういうものが多かったのである。文語の文例をよく読み習った人達は、それによって同時に考えかたも書きかたも習っていたことが判る。記実の文や感情の文は、話の通りを書いてもどうやら体をなすものであるからまだよいが、推理の文、論述の文になると混乱はひどい。文語はまたその語句の選択を重んじ、我流や異様を嫌ったから、その点でもよく統一が保たれていた。今の口語はそういう約束や慣習を殆ど忘れてしまっているから、古い人の目にはめちゃくちゃと見えることも多いのであろう。それも古い人に反発を感じさせる一つの原因である。いまの口語文の漢字や漢語の使いかたなどは当てずっぽうなことが多い。慣用語、慣用句という意味はなくなっている。

口語文のこの欠点を救うために、文語の文例を復活させるべきであろうか。それはできもしないし、望ましくもない。文語は型に嵌って生活と離れたから自ら壊れたのである。先ず記実や感情の文から壊れて生きた言葉に近づき、やがて推理の文をもその動きに捲き込んだのである。だから文語にも、改めがたい欠点があると見るべきである。口語文が求める文体の根拠は、日々話されている口語そのものでなければならない。あるいはその口語の裏に動いている生きた思考、生きた感情、である。「そんなことは言わない」、「そんな言葉はおかしい」などとよく言うが、この感じこそ語句の選択の新しい標準である。口語として日々話され、誰の耳にもおかしく感じられないということが新しい慣用である。

街で日々話されている言葉はまだ粗雑で、そのままでは用をなさない。生きているかわりには精しさにも美しさにも欠けているから、いくらか選択することも整形することもしなければならない。その上、前にも言ったように、書くことは話すこととはちがう。書く文字は話し言葉とはちがう。よく話す人が必ずしもよく書く人ではない。書くことは自ずから一種の技である。練習によって、考えがいつも文と明らかなつながりを持つようにならなければならない。記実の文や感情の文でさえ、話すとおりをただ書いたのでは効果は乏しい。まして推理の文では、考えは文になる前にまず整理されなければならない。そしてなお文として表されたときの効果が考えられなければならない。そこで修辞法も必要になる。推理の文では、推理そのものの掟が修辞法の大半を占める。

口語と口語文とは同じもののようでありながら、その間の距りは意外に大きい。それだからこそ、口語は日々どこでも行われているのに、ととのった口語文はざらに見られるというものではないのである。

口語化によって国語は自由になったと言うが、口語は決して自由ではない。自由とは羈束に従わないことではなくて、心を意のままに表すことでなければならないが、口語はなかなかそういう有力な手段として駆使されるようにはならない。つまり自由な口語は少ない。これは口語の性質をよく知らないからで、その性質を弁えた者でなくては動かせるものではなく、まして乗りこなすことなどはできない。見たところ何の羈束もなさそうな口語が、じつはそれ自身の法則を持っていて、みだりに手を触れることを許さない。誰もが口にするような口語ではあるが、誰もが口にするものであるから、却って誰か一人の考えで勝手に動かしたり作ったりすることができない。(その点では、死んでいる文語には却って多少の作為も許される。)すべて言語は、人々の共有物であり共同作品であるから、それを使うには、その法則と生命を理解し、それに全く従わなければならない。それがいやならそういう共有の言葉を使うことを止める外なく、そして何も言うことはできなくなる。もし言葉を使うなら、人の話をよく聞きまた自分も話すことにつとめて、その言葉と同化することにつとめなければならない。しばらく我を抑えて言葉に従わせて、はじめてその我の思想や感情が明らかな形を得ることになるのである。またそうして会得される詞や言いかたが新しい慣用の語句であって、それが口語の文体の基礎である。

口語文はただやさしい言葉というように考えられているが、それは誤りである。口語は最もよく解る、表現の最も自由な、生きた言葉なのである。科学者や哲学者がその書くものが読み難いと人に言われて、漢字の術語を訓によって国語らしくしたり、用語をつとめて砕いたりしたところで、読み易くなるとはかぎらない。それを試みたような例もあるが、読み易くならないばかりか、却って不自然な感じを与える。それはたしかに文語の古い文例に似てはいないが、今の誰の話していることに似てもいないからである。人に解らせるには、何よりも推理の体をととのえることが先決条件である。そしてその前提を人の理解の程度に応じて説明することになる。この前提は、誰にも解りそうな簡単なところまで溯らせることができる。そうして推理の体がととのえば、説明もない解りにくい言葉などはどこにもなくなるわけであり、またそれがもしあれば、推理の筋に関係のない不必要なもので、すべて省いてしまうか、それこそ平易な日常語で置き換えるか、すべきものである。これが解り易い文章である。もっとも推理は個々の命題が排列される順序を一つに把むことであって、前提がよく解り、一つ一つの命題（文）はよく解っても、それらが列んだ順序が把めなければその推理は解らないのである。そしてこの順序を一つに把む能力は誰にもあるというものではない。従って、それが易しさの限度であって、その上は易しくはならない。もし強いてなお易しくしようとすれば、もとの推理の質を少しく変えることになる。（これは知識の通俗化として自ずから別の問題である。）

ローマ字で書かれた国文が多く不自然で何か片言のように思われるのも、作者が口語をそのまま写すことをせず、それを壊しているからである。ローマ字主義者が、聞くだけで判る言葉だけをということにこだわって、もう国語化し口語している漢語まで訓に直して言い、また漢語を訓に直すことだけをして、それを適当な口語に言い換えることができない。それがローマ字文を読みにくくしている原因である。新しい漢語交じりで書いた文章の漢語を訓読しただけでは正しい口語文にはならないが、ローマ字文にはそういう口語文に似たものが多い。ローマ字文は口語文の完成のために好い機会となるはずであり、また口語文の完成によってローマ字文も成功するのであるが、今のところローマ字は口語文を助けもせず、またそれから助けられもしない。

5 翻訳

今の国語のよくないところは、一つは話し言葉がまだよく選択されず、整理もされていないことから来ており、一つは悪い新語や語法の多いことから来ている。悪い新語や語法は多く翻訳文から来ている。外国語の原文が新しい言葉やむりな語法を作らせたのである。ただ考えたことを書くだけなら、そうそうやたらに言葉を作れるものではなく、むりな言いかたをしようとしてもできるものではない。例えば小説家の文章にはめざましい文体がざらにあるわけではないが、そうひどく不自然な文体をみることもない。翻訳者はただ原文にたよって文を作ればよいのであるから、自分は思いもしないことも「と思う」、「と信じる」などと書き、判断するのでもないのに「ねばならぬ」、「であろう」などと書く。適当な訳語がない場合は、ほんとうならその原語が表すことがらを思い浮かべて、それを在り来りの国語で表さなければならないのに、そうはせず、またそれには原著者と同じ推理を再びして見ることで、それは翻訳者の手には負えないこともあるから、そういう手数をいっさい省いて、ただ新しい言葉を作って訳語として置くだけにしたのである。翻訳は原文の意味を移すことではなくて、ただ言葉の置き換えに過ぎないことが多かったのである。単語の意味は詮索しても、推理の筋は把むことにはさまで気を配らないから、章句のつながりや、文の組立てが明瞭を欠くことになるのは当たり前である。

西洋文と日本文とでは文章の構造、すなわち単語の順序、がちがうことは事実であるから、単語と単語とを置き換えて行ったような直訳または逐語訳が日本文としては読み難くなるのは道理である。そういう日本文の文献がおいおい数を増すにつれて、その用語文体は国語を広く領するようになった。それを読むだけでなく、それで書きもした。たしかにこれが国語の紊れた一因と見られ、またそれが思想や感情にある種の影響を及ぼさなかったとは言えない。言語が明瞭を欠くのでは、思想や感情が明瞭を欠くのも止むを得ない。

西洋哲学の翻訳者は、原文を読んでその字句の意味は理解したに違いない。しかしその訳文には、訳者も意図しない意味が現れたにちがいない。原文では平俗語に過ぎなかったものも、訳文では難しげな「術語」となり、見なれぬ新語となったに違いない。読者はそういう言葉をためつすがめつし、いじくり、こねくったにちがいない。そしておのおの何かを把んだにちがいない。そして難しく朦朧たるものを感じ、そしてまた自分も難しく朦朧と考えかつ書いたにちがいない。恐るべき現象と言わねばならぬ。

そのような国語の欠点については後に言うとして、ここでは翻訳の心得について言っておきたい。それは、翻訳は意訳であるべく、逐語訳であってはならぬということである。一語一語を国字に直して行くのが原文に忠実のようであるが、西洋文と国文とでは語順がちがうのであるから、そういう訳文は却って国文の約束に忠実でない。もし国文として読み難く意味がとれないようでは、原文にも忠実とは言えない結果となる。むしろ一文あるいは一節を単位として移すことにつとめるべきで、先ずその文または節の意味を取り、それによって新たに書き下すようにして訳文を作るべきである。原文の単語やその順序には深くこだわらないのである。単語を一つ一つ訳さないでも、文によってその意味を写して単語は省くこともでき、そうして新たに造る不熟な訳語を除くことができる。翻訳の文章が国語として尋常なら、そこに挿まれる単語も尋常とならないわけには行かない。原語をそのまま移すことのできる訳語はなくとも、有りふれた言葉に言い換えることができるものであり、名詞は名詞で置き換えると決まったものではなく、句に直してもよく、また文にその意味を含ませることもできる。他の品詞も同様である。また在り来りの語を借りて転用することもできる。どのみち言葉をみだりに造るということはよくない。造ったところで、それがみな根づいて生き残るとは限らない。

どこの国語でも、明治以後の日本語のように、急に新語を殖やした例はないように思われる。これは国語が漢字による簡便な造語法を採ったからである。これは原語をそのまま採り入れたにも等しいものである。これによって文物の移入が容易になったと言うが、実は一得一失と見るべきである。技術や制度については、この急造の訳語がその理解にも実施にも便利であったにちがいない。訳語とともにその実物も見たのであるから、やがてその訳語も国語化したと言える。汽船や汽車や電信の実物を見ては、その訳語の適否などを喧しく言うことはもう無用である。しかし、科学や哲学などの場合には、この簡便な翻訳が却って累を及ぼした。それは早く翻訳を作って、その先へは進もうとしなかったからである。つまり実物はいつまでも見られないのである。それなら、この場合も実物を作れば訳語の適否は問題にならなくなるかと言えば、そうではなさそうである。この抽象物は直ぐ目に見えるというものではないから、いつまでも言葉がたよりである。言葉に殆ど定義に似た役が負わされる。従って、用語がそうたやすく作られるわけのものではない。それを翻訳は僅かの間に作ったのであるから、これが却って累になったと考えられるのである。例えば、心理学や哲学は今ではその語彙はほぼととのったが、実物と思われるものはまだ一つも見られない。これは決して誣妄ではない。誣妄を言って何になるか。つまりその語彙はまだ空虚である。外形だけである。それ故、その外形の改善も行われないのである。

小説などの翻訳はうまくやれる望みがある。対応する実物がこちらにもあると見てよいからである。しかし、知識や思想は必ずしもそうは行かない。鷗外はアンデルセンを訳して見事な『即興詩人』を作ったが、これには殆ど創作の功が認められる。しかし同じ人がエドゥアルト・フォン・ハルトマンを訳した『審美綱領』は翻訳のあらゆる欠点を示した見本のように見える。この訳書は鷗外を哲学者にしなかったばかりか、原著者を伝えることにも失敗している。（鷗外が晩年に書いた『妄想』は一つの哲学の試みと見られよう。鷗外は翻訳を試み、戯曲小説を試み、批評を試み、考証を試み、科学を試みたように、哲学を試みたのである。そしてこの作品は国語による哲学の一つの限度を示している。）正しい翻訳には対応する実物を作ることである。その実物は自ら正しい言葉を求め、それが正しい訳語である。しかし、実物を作ることはもう翻訳とは言わない。そしてそれが真の翻訳なのであろう。翻訳家には翻訳はできないので、またじじつできなかった。

翻訳のカントやヘーゲルを読む人は、そのペダンチズムを脱することは殆ど絶望に近い。これらの訳語を一つも使わない哲学があるとしたらまるで理解しないであろう。しかし正しい哲学はおそらくそういうものであろう。また今のカント訳やヘーゲル訳はほとんど用をなさない。そして改良の望みも先ずない。

漢訳の三蔵についても同じことが考えられる。よい訳と言われるのはごく少ないのではあるまいか。そして仏教の真の支那訳と言うべきは、やはり支那人自身の手になった歴代の祖録であろう。

6　国語の特質と現代文の欠点一斑

推理の文として見るとき、現代文にはさまざまな欠点が考えられる。単語についてはしばらく措き、文章について考える。文章の形がみだれていることが現代文の欠点である。そしてこれは翻訳文から来たと思われる節が多い。

文の要素は主語と述語とである。何よりもこれが明らかでなければならない。これが文の幹である。この幹になお枝葉がつく。主語は名詞または代名詞であるが、これは形容詞や形容詞句によって修飾される。述語は動詞または助動詞であるが、そのはたらきの及ぶところを示すものとして客語をともなう。客語は述語の一部とも見なされる。客語はまた名詞または代名詞であるが、これはまた修飾される。述語の動詞・助動詞も修飾され、その修飾語は副詞である。名詞または代名詞に添って文中の地位を示すのは「テニヲハ」である。これらを集めてできる一つの文を他の一つの文と結ぶのは接続詞である。こうしてやがて節を成し、章を成し、篇を成す。

文章は何より主語と述語（及び客語）とを明らかにしなければならないが、国語では「主語―客語―述語」の順になるから、主語の次になるべく早く述語が来るようにして、文の主旨が早く明らかになるようにしなければならない。好きなのか嫌いなのか、勝か負か、確かなのか確かでないのか、いいのかいけないのか、それを早く言わなければいけない。それには、述語を主語から隔てる客語の部分をできるだけ簡明にしなければならない。述語の一部として欠かせない程度に止めるべきである。客語の部分を長くし繁雑にするのはその修飾語である。これはもし長くなるようなら、その文の次に別の一文として述べることができる。述語を修飾する語も述語に先立ち、主語との間に来るが、これも適当に簡約すべきで、もし詳しく言うようなら、やはり独立な他の一文として、その文の次に続けることができる。国語文が切れ目なく長々と続くように見えるのは、一つの文が長くなるのではなくて、多くの短い文が連なることが多いのである。

これに反して、西洋文の語順は「主語―述語―客語」である。それが原則であって、ままこの順序が変わることがあっても、それはこの原則のさまざまな変化である。これによると文の趣旨は早く判ってしまう。述語や客語を修飾する部分は、この主要部分が終った後に続けられる。いくら続いてもいいわけである。客語を修飾するために関係代名詞を用いて後に一つの文を付け足すことができる。主語も同じようにして修飾される。〈He, who ……〉、〈Ich, der ……〉というように。また、一つの文の中に他の文が従属文として挿まれることがある。また、前置詞はその名の如く名詞の前につく。これは国語の「テニヲハ」が後につくのとはちがう。おのおの述語に近い位置を取るためにこうなったように見える。

これが西洋文のしくみのあらましであるが、これをそのまま国文に移すのがむりなことは分かりきっている。しかし翻訳文にはそういう文体が少なく、現代文にも少なくない。その特徴を一、二言ってみよう。

(1) 主語と述語及び客語とのつながりがとかく明瞭を欠く。

それは、それらの間に修飾語が入って隔てるからである。述語を修飾する副詞や副詞句、客語を修飾する形容詞や形容詞句がそれである。例えば

彼はかねて注文して長い間待っていてやっと今はその到着通知を受けた外国雑誌を受けとるべく雨天にも拘らず遠い都心まで何度も電車を乗り換えて出かけて行った。

主語の「彼」は文尾の述語「出かけて行った」に会うまでに何度も動詞または助動詞に逢い、そのつど文の脈絡が切れそうになる。この例では「彼」は文中の他のどの動詞に取っても主語である。この例はことがらがありふれていて文の意味がたやすく予想されるから、このような文の欠点もそう妨げにならないかも知れぬが、これが推理の文で、そのような予想が立たず、書かれた言葉だけをたよりに理解しなければならない場合には、大きな妨げになる。主語

がその前に長い修飾語を持つ場合には、主語の位地が見分けにくくなる。「外国雑誌を受け取ろうとした彼は」というように言おうとすると、この「彼は」の前の句の意味はそこへ来るまでは判らない。

(2) 文と文との関係が明瞭を欠く。

「従属文－主文」の順序になるときは、従属文が終って接続詞が出て来るまでは、それが従属文であることが判らない。その前の文からのつながりは主文が受けるのであろうから、この従属文があまり長いと、そこでつながりが一時断たれる。その接続詞は「……するときは」、「……であるから」、「……にも拘わらず」のようなものであって、西洋文ではこれは文の初めに来て初めから従属文であることを知らせる。それ故、前に来る従属文の中にふいに代名詞が出て来ても、それが次の主文の主語または客語を指すことが予め分かる。例えば、〈As soon as he arrived, Mr. Jhonson declared...〉というように。国語でも接続詞を文首に置いて「なぜなら」、「そのとき」というように始めることができるが、それでは文の意味が変わってしまうことがあるから、もし従属文として間に挿む場合には、その初めに適当な接続詞（例えば「ところで」、「しかるに」など）を置いて、その従属文によって文脈に転換のあることを知らせなければならない。

(3) 品詞の係りが明瞭でない。

一つの名詞の前にさまざまな修飾語が付き、その修飾語の中には名詞もあって、形容詞や形容詞句や形容代名詞がそれらのどれに付くのかが明らかでないことがある。例えば、「このような思想の特徴」というとき「このような」は「思想」と「特徴」とどちらにかかるのか明らかでない。特徴にかかるなら、「思想のこのような特徴」と言えばよいが、それとなく両方にかかっているようなときは、この言いかたでは意味を少し変えてしまう。「このような思想の特徴の検討」などと言えば、更に不明瞭になる。この不明瞭は西洋文にはない。西洋文では修飾語は修飾すべき語に直ぐ付いている。〈These features of thought〉、〈the features of these thoughts〉というように。これを国語の欠点とすることはできないが、西洋文を直訳するとこのようになる。「テニヲハ」の係りも明瞭でないことがある。「日本人と朝鮮人の一部」と言うとき、日本人も一部なのか、それともこれは全部なのか判らない。

また助動詞の係りも明瞭を欠くことがある。例えば

多くのことを記憶し、また互いに区別することができない。

と言うとき、「できない」は「記憶し」にも付くのであるが、この文では「記憶し」のところでは肯定のように取れる。

(4)「私は」、「人は」、「われわれは」などの主語が目立ち過ぎる。

そしてそれが真の主語を不明瞭にする。「私は……と思う」、「われわれは……と信じる」、「人は……と言う」と言うとき、これらの主語はこの文の主役ではなく、ただ「思う」、「信じる」、「言う」などの述語に軽く添っただけのことがある。それを「私は」、「われわれは」と言ったのではどうしても重くなり、従属文（意味の上では主文）の主語を曖昧にする。それを〈on〉、〈man〉、〈wir〉、〈I〉、〈people〉などは多くは軽い意味のもので、国文では省くべきである。

また、「それ」、「これ」、「彼」、などの代名詞も国語では煩わしく、不要なことが多い。却って文を不明瞭にする。接続詞もそうである。「故に」、「何故なら」、「また」などと一々言わなくとも、文の続き工合で判る場合も多い。簡潔な文語文ではそうなっている。

これらが目につく欠点の例である。私は殆ど翻訳文の欠点を言ったようになったが、じじつ現代文には翻訳文の特徴を分かち有っているものが多いのである。私は翻訳文が国文として進歩していると思わないし、精確を増したとも思わない。それは西洋文の構文がそのまま写されていると言うに過ぎない。それを精確と誤認しているに過ぎない。国語としては却って精確を損じているのである。国語の構文を明らかに保つことが精確なのである。西洋文の推理の体を写すのに、直訳によったのでは却ってこのような不都合が起こる。国語はその固有の構文に従って、推理の精確な文体を作り上げることにつとめなければならないのである。もし現代文が西洋文にまだ劣っているとするなら、西洋文を直訳することができないからではなくて、却って直訳しているからである。

更に国語の劣る点を考えるなら、ある種の語彙の欠けていることであろう。科学や哲学の用語がそれである。これもまたいつまでも直訳に頼っているからである。直訳の訳語は外来語と大差ないのである。これは言語の欠陥と言うよりは思想から来た欠陥である。直訳によって言葉を作っただけでは、この欠陥を填めることはできない。

科学や哲学に関する文献を外国語のと国語のと比べてみれば、文体や措辞に国語文献が劣っていることは蔽いがたい。しかしそれは国語が言語としての本性に欠陥があるということにはならない。進歩の見込みはたしかである。その上、国語は（その国民にとっては）唯一の言語と言ってよいものであるから、どうしても改良しなければならない。言語はどの国語でも表現手段としてはある種の欠点は免れない。それを免れようとすれば「記号推理」のようなものにたよるほかない。そういう言語固有の欠点まで国語に負わせるのはまちがっている。

国語には国語固有の考えかたがあるという説に、私はあまり重きを措くことができない。もしあるとしても瑣細であろう。日本人が考えるときに、自ら顧慮しなくてはならないようなものではなかろう。そういう顧慮は却って妨げになるばかりであろう。しかし、用語が適正を欠き推理の文体もととのっていないというときは、それはたしかに影響する。国語が思想に及ぼす影響について考えるべきことがあるなら、これだけであろう。

私がここにあげただけで現代文の欠点が尽きると考えるのには、不服な人が多いであろう。ここにあげたのは文の姿の欠点である。現代文の欠点を感じられるのはもっと他にある。

(1) 何より一文の趣旨を明瞭にする工夫が足りないことである。

話すように書け、考えるとおりに書け、ということがそういう工夫にあまり心を用いさせないのであろうが、それは誤っている。考えたことはいったん心に収めて、それを人の前に列べて見せる順序は別に工夫しなければならない。これは決して些事ではない。書く人は誰もその必要を知りながら、それを考える遑がまだなくているだけのことである。これについては後に更めて考える。

(2) 用語や語法が慣例を無視していることである。

いや慣例を知らないのである。古い慣例は忘れてしまったし、新しい慣例は定まったものがまだできていない。そこで言葉も言いかたも雑多になり、めいめいが勝手な言いかたをし、またそれを自己流に作ったりする。これが現代文を読み難くする最も大きな原因のように思われる。古い慣例は復活すべくもなく、ぜひとも新しい慣例を定めなければならないのであるが、その基準としては、日々話されている口語を取るべきことは前に述べた。

このような観察から、文章の形について守るべき規則は次のようになる。

(1) 文の主語と述語及び客語の所在を明らかにしなければならない。

それには、一つの文があまり長くなってはならない。そのためには、主語と述語の外は体言（から転化したもの）をできるだけ避けるのがよい。

(2) 修飾語が長くなるようなら、それを独立な一文に直して別にするのがよい。

(3) 文の順序に注意しなければならない。同時に接続詞の用いかたに注意しなければならない。また、助動詞や「テニヲハ」の用いかたにも注意しなければならない。語の係りを正確にしなければならない。

(4) 用語や語法の選択についてはいつも慣例、通例、に従わなければならない。

7　文語の文体

古い人たちが読みよいとしている文語の文体は、特に根拠のあったものではないように思われる。しかし長く読まれ書かれして来た事実は、自ずから根拠あることの証拠である。また、これが翻訳文の影響を受けていないという点でも注意すべきである。

文語文と言っても、口語文と特に変わっているわけではなくて、用語を直しさえすればそのまま口語文になるものである。その用語には日常の話には出て来ないようなものであるが、それは日常語に更えてもさしつかえないので、文語文に固有の特徴をなすものではない。よい文章と言われるものは、やはり文章の規則に適っているものなのである。ここでは特に推理の文について見るのであるから、その文章の規則とは推理の文の規則であり、延いては推理の規則である。その他に特別な理由と言ってはない。文語文は文章として永く固定し、その間によく練られととのえられて、推理の文としての構文や語句の型が出来上がっているのである。文語は、明治では固よりそのずっと前から読まれ書かれるだけの言葉だったのである。従ってその型に従って書こうとすると、いきおい考えを推理としてととのえなければならないことになる。而もこの型はただ文章にだけあって口語にはなかったから、故ら記憶せねばならず、それだけ一々注意され、思考を支配する便があった。文語文のこの型は支那文（漢文）から受けついだものが多い。また、支那人の修辞法も種々採り入れられてあって、それが文の形をととのえるのに役立っている。

例について見よう。

孔子は歴史上の人物なり

孔子は歴史上の人物なり。釋迦よりは勿論正確なる意義に於て、基督よりも稍明白なる意義に於て歴史上の人物なり。釋迦の生涯が容易に半點の事實だに尋ね出し難き傳説を以て包まれ、最も鋭利なる文藉批評の力を以てするも猶ほ其傳記を繚繞する想像と真實とを分解する能はざるは史家の認識する所なり。基督は然らず。其福音書、使徒行傳、使徒書簡の如きはたとひ其作者と、著作の年代に就ては、異論紛然として日に盛なりと雖も、而も基督が歴史上の人物にして、彼れの事業が演ぜられたりと稱する舞臺の決して小説的の無何有郷に非るは何人も認めざるを得ざる所なり。されど基督は不幸にして、文學の荒廢したる猶太の邊邑に生れたり。彼は無學無智なる下等人民の朋友にして士君子の列に於て多く其同情者を見出さざりき。彼は又山に祈りて野に説教し、税吏、娼妓と共に居りて、宮史讀書人と共に居らざりき。彼の事業は深山の泉が積み重なりたる落葉の間を潜りて静に流るゝ如くなりしかば、當時の最も聰明なる者と雖も之れに注意するものなかりき。彼れは之が為に同時代の文學に於て彼れの存在をさへ證するものを殘さず。彼れの信徒が羅馬に入りて稍人の視聴を動かすには彼れの死後猶ほ數十年を要したるなり。是れ史學の上に於ては彼れの孔子より不幸なる所以なり。孔子は然らず。彼れは基督の如く時人に注意せられざりしものに非ず。彼れは基督時代の猶太に比すれば文化の程度に於て遥かに優等なりし支那に生れ、十分に時代の教育を享受したるのみならず、彼れ自身も当時の文藝に通達したる學者なりき。而して基督の弟子が、税吏たり、漁夫たり、名も無き匹夫たりしに反し、彼れの弟子は位地あり、身分あり、當時の社交若くは政治に於て、多少の地歩を占めたる紳士なりき。獨り是れのみならざるなり。彼れはまた其子に伯魚を有し、伯魚の子に子思を有し、子思の子より近代の孔氏に至るまで血統連綿として其子孫と稱するものを有せり。彼れは又自ら政務に關与したり。其時代を以てすれば優等なる文明を有し、其人と為りを以てすれば學者なり。其子孫を以てすれば家業を傳ふるものあり。彼れは此點に於て基督に比ずれば更に一層明白なる歴史上の人物に非ずや。天の星は其位置の遼遠なるに從って其影の疎なるが如く、歳月の流行は古豪傑をして往々歴史上の人物たる位置より傳説上の人物たるに至らしむ。荀卿は此事を論じて五帝時代の事は唯其人あるを知り得べきのみ、其政事を知ること能はず、夏禹、殷湯の事蹟は其政治の大體を知るを得れども、其細密なる事情を知る能はず。悉く其政務の大小を知り得べきものは獨り周公の事あるのみ、遠き世の昔は其事を論ずる疎略ならざるを得ず、近き世の事は精密ならざるを得ずと云へりき。(非相篇)。釋迦は時代に於て遼遠なり。故に今や史的人物としては殆んど其材料を失へり。基督は無學なる國に生まれ、無學なる階級の中に育ちたり。故に史的研究としては同時代の旁證、甚だ乏しからざるを得ず。獨り孔子の事蹟に至つては其子孫の文學あるもの之を傳へ、其門弟子の文學あるもの之を傳へ其同時代の文學あるもの之を傳へたりと想像し得べき理由あり。而して此傳説は甲の文書より乙の文書に引かれ、甲の人より乙に人に傳へられ甲の場所より乙の場所に転じたる間に於て、あるいは誇張せられ、或は縮少せられ、あるいは變形せられ、時としては贋造せられ、以て今日に至りたるものに相違なしと雖も、而も徐ろに傳説の出處を研究し、批評の端緒を求めんには、眞實に近き史的人物を其中に発見し得べきこと必ずしも難事に非ず。是れ孔子が釋迦よりは最も多く、基督よりも少しく多く歴史的人物たる所以なり。

（山路愛山『孔子論』「材料論」冒頭）

山路愛山は明治の歴史家であって、名文家を以て聞こえ、広く読まれた人である。ここに引いた文も推理の文としてととのったものである。論旨は、孔子が歴史上の人物であることを言おうとするにある。その理由は中段「孔子は然らず。……彼れは此點に於て基督に比ずれば更に一層明白なる歴史上の人物に非ずや」の一節に尽されているが、その論旨をいっそう明らかにするため、孔子と並び称される釈迦及び基督の場合を引いてそれと比べつつ、孔子を歴史上の人物という意味を精しくしようとしている。冒頭、「孔子は歴史上の人物なり」と切り出して論旨（結論）を明らかにし、次いで直ちに論証の方法を予告して、「釋迦よりは勿論正確なる意義に於て、基督よりも稍明白なる意義に於て歴史上の人物なり」と言い切ったところは説得の用意に遺憾がない。いったん論旨と証明すべき理由を言い尽した後、中段以下では荀子「非相篇」の言を引きつつそれにもとづいて三氏の場合の比較を反覆し、文尾に至って「是れ孔子が釋迦よりは最も多く、基督よりも少しく多く歴史的人物たる所以なり」と言って、再び論旨を明らかにして文首の一句と照応させている。推理の文または説得の文としてよくととのっているというべきである。（『孔子論』の全篇はこの論旨を詳しく立証したものである。）

この文章を読んで特に気づくのは、その接続詞、助動詞、「テニヲハ」等である。それは口語にはなくて、文章の中に文語としてだけあるものであるところから特に注意を引くのである。例えば、初めの方から拾って見れば、「最も鋭利なる文藉批評の力を以てするも猶ほ」、「たとひ……日に盛なりと雖も」、「而も……は何人も認めざるを得ざる所なり」、「されど」、「流る、如くなりしかば……なかりき」、「要したるなり」、「是れ……なる所以なり」、「享受したるのみならず、彼れ自身も」、「獨り是れのみならざるなり」などである。全篇に亘ってこれが指摘される。これがすなわち文語文の特徴なのであって、推理のさまざまなはたらきを明示している。「基督は然らず」が否定を明らかにしている反面、「歴史上の人物なり」の助動詞「なり」も肯定または断定の意が明らかである。時の関係も紛れなく示されている。「見出さざりき」、「居らざりき」、「注意するものなかりき」のように。また一つ一つの文の排列にも既に推理としての意味がある。先ず「孔子は歴史上の人物なり」とあって、次に接続詞も挿まず、直ぐ「釋迦よりは勿論正確なる意義に於て、基督よりも稍明白なる意義に於て」というように続けられれば、その語調によってこれが前の文の敷衍であることが予想されるのである。一つの断定があれば、何も断りがなくとも次にはその理由を述べる文が来ることは約束である。また、「彼れは……同情者を見出さざりき」、「彼れは又……官吏讀書人と共に居らざりき」、「彼れの事業は……之れに注意するものなかりき」というように同じ形の文が列べられてあれば、それだけで一つの断定の理由となるべきことを数え立てていることが分かるのである。

このような用語と文章の型と口語とは別であるから、いつも崩れず、いつも明らかである。この型によって文章を作ろうとすれば、先ずこれらの定まった助動詞、「テニヲハ」、文の配列、が心に浮ぶ。口語にはないものであるところから特に明らかに意識される。この文章の型の意識はいきおい推理を促すことになり、考えは自ずから整理される。そしてこの型になれた人には、この文体が書きよいのであり、この文体でないと書けないと感じるのである。文語と口語とはその文章の本質にはかわりはない。ただ習慣のちがいのように思われる。しかしその習慣が特別なはたらきをしているので、文語体は自ずから推理を促しまたととのえる道具の役をしている。

この文章は特に修飾を用いていないが、それでも列挙、比較、対照などが用いられている。これは国文が支那の古典から学んだものである。前に言った推理を表す型も支那文に倣ったものである。愛山のこの文体はたしかに漢文書下しの文体を原形とするものである。我国は支那の古典によって推理を学んだのである。西洋が考えることをギリシャの哲学と数学に倣って知ったように。

次の例には福沢諭吉の作をあげる。福沢諭吉もまた明治の著作家の中では最も読まれ、最も感化の大きかった人の一人である。それでは福沢がそれほど読まれた理由がどこにあるのか。その著書の中でも最も読まれた『学問のすゝめ』の初篇の書出しの一節を左に引く。

天は人の上に人を造らず人の下に人を造らずと云へり。されば天より人を生ずるには、萬人は萬人皆同じ位にして、生れながら貴賤上下の差別なく、萬物の靈たる身と心との働きを以て天地の間にあるよろづの物を資り、以て衣食住の用を達し、自由自在、互に人の妨げをなさずして各安樂にこの世を渡らしめ給ふの趣意なり。されども今廣く此人間世界を見渡すに、かしこき人あり、おろかなる人あり、貧しきもあり、富めるもあり、貴人もあり、下人もありて、其有樣雲と泥との相違あるに似たるは何ぞや。其次第甚だ明なり。實語教に、人學ばざれば智なし、智なき者は愚人なりとあり。されば賢人と愚人との別は學ぶと學ばざるとに由て出來るものなり。又世の中にむづかしき仕事もあり、やすき仕事もあり、其むづかしき仕事をする者を身分重き人と名づけ、やすき仕事をする者を身分輕き人と云ふ。都て心を用ひ心配する仕事はむづかしくして、手足を用る力役はやすし。故に醫者、學者、政府の役人、又は大なる商賣をする町人、夥多の奉公人を召使ふ大百姓などは、身分重くして貴き者と云ふべし。身分重くして貴ければ自から其家も富で、下々の者より見れば及ぶべからざるやうなれども、其本を尋れば唯其人に學問の力あるとなきとに由て其相違も出來たるのみにて、天より定たる約束にあらず。諺に云く、天は富貴を人に與へずしてこれを其人の働に與る者なりと。されば前にも云へる通り、人は生れながらにして貴賤貧富の別なし。唯學問を勤て物事をよく知る者は貴人となり富人となり、無學なる者は貧人となり下人となるなり。

學問とは唯むづかしき字を知り、解し難き古文を讀み、和歌を樂み、詩を作るなど、世上に實のなき文學を云ふにあらず。これ等の文學も自から人の心を悦ばしめ随分調法なるものなれども、古来世間の儒者和學者などの申すやうさまであがめ貴むべきものにあらず。古來漢學者に世帶持の上手なるものも少く、和歌をよくして商賣に巧者なる町人も稀なり。これがため心ある町人百姓は、其子の學問に出精するを見て、やがて身代を持崩すならんとて親心に心配する者あり。無理ならぬことなり。畢竟其學問の實に遠くして日用の間に合はぬ證據なり。されば今斯る實なき學問は先づ次にし、専ら勤むべきは人間普通日用に近き實学なり。譬へば、いろは四十七文字を習ひ、手紙の文言、帳合の仕方、算盤の稽古、天秤の取扱等を心得、尚又進で學ぶべき箇條は甚多し。地理學とは日本國中は勿論世界萬國の風土道案内なり。究理學とは天地萬物の性質を見て其働を知る學問なり。歴史とは年代記のくはしき者にて萬國古今の有様を詮索する書物なり。經濟學とは一身一家の所帶より天下の世帶を説きたるものなり。脩身學とは身の行を脩め人に交り此世を渡るべき天然の道理を述たるものなり。是等の學問をするに、何れも西洋の飜譯書を取調べ、大抵の事は日本の假名にて用を便じ、或は年少にして才文ある者へは横文字をも讀ませ、一科一學も實事を押へ、其事に就き其物に從ひ、近く物事の道理を求て今日の用を達すべきなり。右は人間普通の實學にて、人たる者は貴賤上下の區別なく皆悉くたしなむべき心得なれば、此心得ありて後に士農工商各其分を盡し銘々の家業を營み、身も獨立し家も獨立し天下國家も獨立すべきなり。

（福沢諭吉『學問のすゝめ』）

この文章がよく読まれ、誰にも意味が判ったのは、やはり推理の文あるいは説得の文としてととのっているからである。前節は「學ぶと學ばざるとによって賢人と愚人との別は出來る」との旨を説いたものであり、後節はその学ぶべきは「人間普通日用に近き実學なり」との旨を説いたものである。その説きかたは平易で明白である。そしてその行文には漢文に普通な修飾——列挙、対照、引用——等が用いられ、それが推理を助け説得の効果を助けている。これらは単に文語文に特有な口癖のように思われているが、これらはそれぞれ推理の方法を表し、その語法が推理のはたらきを助けている。例えば「都て心を用ひ心配する仕事はむづかしくして、手足を用る力役はやすし」と言い、「漢學者に世帯持の上手なるものも少く、和歌をよくして商賣に巧者なる町人も稀なり」というようなのは、その人も一種の修辞のつもりなのであろうが、その間に鋭い比較が促されている。このような対照は漢文に特に多い語法である。また、「天は人の上に人を造らず……と云へり」、「實語教に……とあり」、「諺に云く、……人は生れながらにして」などと引用するのは、推理の前提としての原理を設け、かつそれを重くする為である。文語の文体に習う人は殆ど自ら知らずにそれをしているのである。「醫者、學者、政府の役人、又は大なる商賣をする町人……」、「學問とは唯むづかしき字を知り、解し難き古文を讀み、和歌を樂み……」などと列挙するのも文語体に普通の修辞であるが、これはそれぞれ一種の帰納である。「身も獨立し家も獨立し天下國家も獨立す」というような畳句は自ずから普遍化のはたらきをなしている。これで見ると、文語体をいちがいに死んだ文体などと言うべきでないことが分かる。ただこれが語句の上の形だけのことになって、それを裏づける推理を伴わないときは文語体の弊と見られるのである。すべて形式というものに共通な弊害である。文語体はその長所も短所も一纏めに棄てられてしまったように見える。

推理がととのっているのに次いで、用語の平俗で分かりやすいことも当時（明治五年）として異例である。この点の用意については福沢自身詳しく述べている（『福澤諭吉選集』緒言）。

これだけ心を用いて書かれた文章でさえ、今日の人にはやや読みにくくなっているのは、文語体が用いられなくなったのと、俗語そのものが変わったこととで、どうにもならない。

口語文は文章のこれらの型や修辞法をすべて壊して、ただ話すように書くことにしたものである。ところが、話はまだ考えの形をなさずととのえられてもおらず、従ってその言葉も推理のはたらきを明らかにしていない。そのような言葉はたしかにあっても、そのはたらきを人に意識させず、またそれを促すこともない。話すように書いただけでは、推理の体をなさない。口語文については、更めてその型を作らなければならない。文語の推理の文になれた人がやはり口語で書いても巧いのである。しかし、口語による推理の文を作るには、文語の文体に倣うよりも、推理の規則そのものにもとづいて考えるのが本道である。

言文一致ということは、推理の文に取ってはそう直ぐ好都合というわけには行かなかった。その点後で述べる感情の文とは事情がちがう。たぶん今でも、幼い中学生が幾何の証明を書くのに文語体を用いているであろう。

8　造語法

現代文の乱れた原因の一つは、漢語を用いた造語法によって無数の新語ができたことにあると言ったが、国語固有の造語法について考えておきたい。

言葉を造るといっても、意味の上でと形の上でと分けて考えられるが、先ず形のことを考える。

新しい物や考えは新しい名を作らなければならないが、その名詞を作る方法にはいろいろある。

(1) 名詞を組み合わせて。

例えば、「旅先」、「手形」、「屋敷」、など。組み合わせられる名詞は二つと限らず、そこへ更に名詞を付け加えることができる。「手形割引」、「受付締切」、「期日繰上」などのように。

(2) 動詞から。

動詞の連用形をそのまま名詞として用いる。例えば「喜び」(喜ぶ)、「見」(見る)、「さとり」(さとる)、「歩み」(歩む) など。これらを組み合わせて新しい名詞を作ることは前の通りである。「見聞き」、「行き来」、「歩み足」、など。

(3) 形容詞から。

形容詞の語根が名詞に用いられる。「遠浅」、「夜寒」などのように。それよりも語根に接尾語「さ」、「み」を付けて名詞とする場合が多い。例えば「大いさ」、「高さ」、「善さ」、「深み」、「厚み」、など。

(4) 動詞系の名詞は、動詞、形容詞、接頭語などを前に付けて熟語名詞を作る。結びつけられる動詞は連用形、形容詞は語根、が用いられる。例えば「見聞き」、「行き来」、「と見こう見」、「白光り」、「うす笑い」、のように。

(5) 形容詞の語根と名詞に冠して熟語名詞を作る。

例えば、「赤松」、「遠山脈」、「あしざま」、など。

(6) これら各種がまた互に組み合わされる。

これは(1)に言われてある。そして特に「名詞+動詞系名詞」の場合は、その前の名詞は後の名詞(動詞)の主語または客語を表すことが多い。すなわち、「目うつり」、「こころざし」、「山登り」、などがそれである。また、「名詞+形容詞系名詞」の場合は、前の名詞は主語を表すことが多い。例えば、「心よさ」、「目ばゆさ」、など。

このような造語法はまだあるかも知れない。（例えば、「親知らず」のように助動詞を名詞に用いることなどがある。）ここでは名詞についてだけ見たのであるが、文法に熟語と言われているものは品詞のすべてに互っている。熟語は数語の組み合わせによる造語法と見なすことができるが、これについて大槻文彦は次のように言う。

熟語《ジュクゴ》トハ、数語ノ、合ヒテ一語トナリテ、異義ヲ成スモノナリ。而シテ、八品詞、互ニ、用法アリテ、相合フ。

（大槻文彦『廣日本文典』）

この国語の造語法から見ると、漢語による造語はただ(1)の方法だけを用いているだけのように見える。漢字を二、時には三、四と組み合わせて新しい語を造るのは、各の文字を名詞と見て作った熟語とも考えられる。その漢字にはそれぞれ動詞系・形容詞系と見られるものもある。例えば、「指針」の「指」、「秀才」の「秀」、がそれである。このように国語の造語法を用いているように見える。しかし、実は、漢文法に従っているのであろう。同じ語が位置によって種々の品詞に用いられる。例えば、「付加税」、「税付加」、のようである。また、「不可能」、「造語」などは明らかに支那語の文法に従っている。難は、この造語法よりもむしろそのとき素材となる漢字（漢語）にある。[*] これは音（支那音）で読まれ、その意味が訓によって考えられているものが多く、全く外来語である。従って文字としても語としても曖昧を免れない。

＊　漢語の造語法については、例えば山田孝雄『國語の中に於ける漢語の研究』（昭和一五年初版）の「第五章・二」に詳しい。

或る月刊雑誌の評論文の初めの数行から漢語系の単語を拾ってみると、「不成立」、「遺憾」、「結果」、「経緯」、「条件」、「過程」、「問題」、「重要」というようなものがある。これらはもう熟知のもので、耳に聞くだけで判る。しかし文字を見ると却って判らない。「条件」の「条」や「件」はどんな意味か明らかでない。「過程」の「程」なども明らかでない。この文字はそれ一つではこの熟語として用いられる時のようでは用いられていない。「問題」と言えばよく判るが、「問」＋「題」となると判らなくなる。これはどうしても漢字と漢語のために不利である。組み合わされる文字の各の意味が明瞭でなく、かつ意と訓との二重記号であることも煩わしい。その明瞭を欠くところが、造語や翻訳に都合がいいのかも知れない。

これだけを考えても、漢語使用にはさしたる根拠がないことが判る。昔の漢学尊重の名残に過ぎない。しかし国学者が説いたような purism が正しいとも言わない。今の口語に用いられる漢語はもう同化されていて国語と見るべきものが多い。どこの国語にも外来語がないということはない。純正な日本語と思われているものも、その語源を詮索すれば外来語であることも多いであろう。それらは語源が分からなくなっているだけである。つまり国語に同化されてしまっているのである。そうなら、よく同化されたものは純正と認めるという説も成り立ち得る。漢語、国語、と分けるのは形の上だけのことのように見える。漢字で書き、かつ音で読んでも、ふだんよく話されて聞くだけで判るようになっている言葉は、国語としての資格十分と認めるべきであろう。それに従って漢文方式の造語もいくらか許さなければなるまい。しかし、これら一部の外来語は、その文法ともどもよく同化することにつとめなければならない。同化していないようなもの、なくてもすむもの、はすべて省くべきであり、残すものも、今後はできるだけ国文法に従わせるようにし、造語なども国語固有のしかたによるべきである。

漢字と漢語とは、日本文の迷信の一種と言ってよい。もし明治の初年に政府が漢語による新造語を禁じたとしたら、今日の国語はどんなに変わっていたことであろう。技術、制度、科学などの今の語彙は一つもなく、全く別な語彙を持っていたはずである。当時の翻訳者も一時は漢語によるべきか国語によるべきかについて考えたと伝えられているから、この想像も決して夢ではなく、却って今のような漢字の流行は、全く偶然な事情によるものと言える。従ってこの事情は必ず改め得る。政府は漢字を制限するようには苦心しているようであるが、漢語の制限を考えないのだから、何にもならない。

前に言った評論文の漢字過剰を観察しよう。その原文（初めの一節）は次のようである。

前議会に於てシャウプ勧告に基く地方税法案が不成立に終ったことは遺憾であった。遺憾な点は不成立に終ったといふ結果にあるのではなく、むしろその経緯にある。問題の重点はシャウプ勧告そのものにあるのではなく、これを法案として國会を通過せしめる條件と過程が不備であり、欽陥に充ちてゐたところにある。そこに注意を拂っていた者にとっては法案の不成立そのことは毫も意外と感じなかった。しかし、つひに不成立に終った地方税法案の経緯には根本的に遺憾と感じられるものがある。それは何故であらうか。

この中の漢字の省いてよいものを省けば、次のようになる。

前の議会でシャウプ勧告による地方税法案が成り立たないでしまったのは残念だ。残念なのはこうなったことではなくて、こうなるまでのことだ。考えるべきはシャウプ勧告そのものではなく、これが法案として国会を通るためになすべきことがなされず、その間のことに手落ちがあったことだ。そこに目をつけていた者は、法案が成り立たないことにはおどろかなかったが、そうなるまでのいきさつが根から腑に落ちない。それはなぜか。

この中の「議会」、「勧告」、「地方税」、「法案」、「国会」などという名は勝手に更えることはできないが、これさえ初めから漢字を使わないことにしたなら、それぞれよい言葉がみつかったにちがいない。これらの漢字使用は、明治初年の儒学出身の人たちのペダントリであることは疑う余地がない。今の哲学の学生が好んで難しげな翻訳語を使い、使わなければ学問でないように思うのと同じことで、空しいペダントリである。このペダントリがあるかぎり、その知識をわがものとすることはできない。そしてまたそのときまでは、このペダントリの迷夢はさめることはあるまい。私がこう言うのは、知識の俗化ということではない。(それはまた別問題である。)そう取られるようなら誤解である。それが誤解の最も大きなものである。

さて、造語法を形の上のこととしても見て来たが、意味の上のこととしてはそう簡単ではない。あるものを表す新しい言葉としてどんなものを選ぶべきかについては、何も規則はなさそうである。言葉の選択がいつもそうであるように。

ただ、こういうことが言える。それは転用または借用が原則であって、新しく造ってはならぬということである。転用とはすでに在る言葉を、少し意味を更えて充てることである。新しい名や言いかたは必ずしも避けるべきではなく、うまくすれば効果のあることが多いが、その用語を選ぶには転用によるべきである。もし造語によるとしても転用に近いものにすべきである。そして転用語にせよ新造語にせよ、その定義を明らかにしなければならない。これが先ず規則と言うべきものであろう。

名をつけるのにいちばん困るのは、哲学の用語のような抽象語である。どこの国語でもこれは卑近な物や行いを名づけた、言わば具体語から転用化してできている。国語が意義の曖昧な漢字を持っていたことは便利だったと言えるが、その便利が却って不便利となったことはこれまで再三言った。私たちはもういちど出立点に戻り、国語、殊に口語から出直さなければならない。これには何も規則はない。ただ、私たちが日頃話す言葉をよく知ることである。よく知っていない人はないのであるから、更めてその所有をたしかめ、その意味や語感を信じることである。

国語、殊に口語にそういう力のあることを知る為に、国語による或る種の術語（専門用語）に注意したい。それは儒学にも明治以後の新知識にも縁のなかった人たちが主に用いていた言葉である。これには規則というべきものがないから、実例を見てさとるべきである。それは農夫、漁夫、大工、左官、刀工、陶工等の用語、碁、将棋など遊戯の用語、歌舞伎、音曲、能楽、角力等の用語、商取引の用語などであるが、これを見れば、この辺に国語の豊かな原鉱が省みられずに埋れていることが分かる。動植物の「俗名」なども多く純粋な国語である。貝殻の名などは漁夫が考えたものであろうが、例外なく美しい。これを広く探って国語の姿を見直すべきであろう。読書人や文章家だけの国語に捉われることなく。科学や技術や哲学や制度などの新しい術語が、これと同じであり得なかった理由は何もないのである。左にその一例をあげる。

漁夫の術語の一端

当たり——当たりがある、当たりが止まる、当たりを待つ
合わせ——鈎合わせ、合わせる、空合わせ、大空に合わせる
引き——引く、引き合う
食い——食う、食いが立つ、入れ食い
きく（当たりをためす）——きいてみる
綸（いと）が立つ——綸立ちを取る、綸立ちの工合、綸がふける（綸が水中で流れて斜めになる）

走り込む
締め込む
しもる（浮木がやや沈みながら流れる）——しもらせる
ばれる（一旦掛かった獲物が鈎から外れる）——ばらす
釣り方の名——ならべ（ならべ釣り）ながし、ながし釣り、探し、探し釣り、脈釣り（浮きなしで竿の当たりで釣る仕方）、つっぱり、うき釣り、ふかし釣り、しゃくり釣り、練り釣り、かかり釣り、投げ釣り、岡釣り（岡張り）、根釣り、棚釣り、など
釣り場所の名——ぬくめ（水が深くて底が軟らかいところ）、がち（硬いところ）、たか（浅場）、かけあがり（傾斜した水底）、へち（辺地）、からみ（藻草の生えたところ）、とろほぞ（細流）、根（岩礁のある海底）、根がかり
山を立てる（陸地の見通しによって根を知ること）——山が立つ
うき（浮子）
竿——竿頭、竿いっぱい、竿が立つ、竿をためる、竿を振り込む、竿を流す、延べ竿
継ぎ竿——穂先、穂持、二番、胴、手元（元竿）、二本じまい、三本じまい
鈎——あご、あるいはかかり、ちもと、あるいはかえし、ふところ

これを見ると、動詞や形容詞から名詞を作ること、そういう種々の形の名詞を寄せて合成語を作ること、はすべて型通りである。漢語による造語などは一つもない。もっともこの頃は「擬似鈎」、「人造テグス」、「合成テグス」、「機

械船」などという言葉も使うが、これはそれぞれその実物といっしょにこの世界に入って来たので、実物を見ているから言葉の適否は問題にならない。「ぎじばり」、「じんぞう」、「ごうせい」、「きかいせん」、などと書いてもすこしも変わらない。「リール」、「ナイロン」、「ガソリン」などと外国語をそのまま使っているが、外国語などと思っていない。ただ、「そこり」と言わずに「干潮」と言い、「しけ」と言わずに「台風」だの「低気圧」だのと言うのは、外の世界の言葉が入って来たのである。

これらの例を見て知るべきことは、言葉づくりの形の上の規制よりも、言葉の選び方である。じつはこれが言葉づくりの重要な問題である。どうして名詞を作るかではなくて、どんな言葉を取って或るものの名に当てるかである。それについて、これらの例は何かを教えている。他の場所でできた言葉がここに当て嵌めて用いられるようすが見られるだけでなく、ここではじめて作られたらしいところを見ることができる。つまり言葉の発生と思われるものを見ることができる。ここでは既成の言葉の知識が無いからである。言葉を選び、また造るについては、特に規則と言うべきものがなく、ただ感じによることであるが、自ずから規則らしいものも無いことはない。その一つは比喩または類推である。形の似たもの、感じや動作の似たもの、の名を借りて新しい場合に当てはめることである。「脈釣り」は、脈搏を見ることの比喩から来た言葉であろう。「きく」と言うのは、耳を立てて聞くのに準えたのであろう。鈎の部分を「あご」と言い「ふところ」と言うのもそうであろう。「根」は餌物が寄っていつもよく上がるところという意味と、底という意味とを兼ねたのであろう。また一つは、感覚に最も訴える特徴を捉えて名としていることである。例えば「ぬくめ」、「がち」、「たか」、「当たり」、「合わせ」、「流し」、「並べ」、「突っぱり」、「綸の立ち」、などは皆そうである。耳目に常に触れるものや、直接な感じについては、誰にも言葉があるものである。すべて言葉は、その初めはそういう感じと発音の感じとの結びつきから生まれるのであろう。

「ふける」は、「変わる」、「化ける」、「異状を呈する」、の意味である。綸が下ろしたところから流れて斜めになるところを形容したものである。「しもる」は恐らく漁夫の発明であろう。「沈む」の縁語と見るべきであるが、沈んでしまうのではなく、少し沈んでそのまま流れるので、そのさまを言おうとしたのである。「ばれる」は離れるの意であるが、獲物が逃げるのと人がしくじるのとを併せ含めているので、ただ離れる、外す、では言い尽くせない。

これらをよく見ると、どの言葉にも工まない巧みがある。もし私達が今新たに名づけるとしたら、「二本じまい」、「三本じまい」などという言いかたは考えつかないであろう。「山を立てる」などもそうである。これは、今は漁夫の術語として動かせないものである。「きく」もうまい。「綸が立つ」などは目に見えるようである。これらの言葉はあるとき一人の名人が作ったのではなく、多くの者が、永い間にさまざまな言いかたをしてみた中から最もいいものが残ったのである。すべて言葉は、初めはそうしてできたものであろう。魚類の名、殊に貝類の名などを聞いてしばしば感嘆させられる。

他の種類の術語についても同様である。

これらは、その物なり事なりが多くは目に見えるものであるが、そういう形のない観念や思想についても、もし言葉で名づけるとすれば、同じようにすべきであろう。それらはすべて想像の中のものであるが、もしそのような想像に習熟してその意識がだんだん明らかになれば、感覚との似よりやつながりも心に浮んで来るであろう。そこから相応しい名も生れるのである。国語がこれらの抽象語として漢語を用いたのは、抽象物を明らかに見る想像がよく熟しない中に、翻訳として言葉を作る必要に迫られたからである。国語としての漢語は音のほかに訓があり、その訓によって国語としての資格を保っているのであるが、その訓を主にしてみると、音や文字はよけいなものである。それは意味をあいまいにし、言葉としてのはたらきを鈍らせるものでしかない。この欠点が却って翻訳者には好都合であったのであろう。言わばこの欠点を利して、ことがらは明らかでなくとも言葉は作ることができたのである。多くの翻訳語は、仮装した原語（外国語）か、ただの記号と見るべきである。記号となればまた別で、それはどのようなものでも使える。A、BでもX、Y、Zでもよい。しかし、それにはその記号が何を指すかについて明確な定義が必ずいる。漢語による新造語にはそれがない。ただ日常語には無い漢語の持つ或るあいまいに頼っているのである。漢語による造語は、記号としても言葉としても不完全である。漢語による用語は用語としての感じ（その美感）から言ってもの足りないばかりでなく、言葉としてのはたらきが損なわれているようである。

哲学に用いられる翻訳語の原語となったものについて考えてみても、もとは感覚を表す言葉から進化したことが分かる。ギリシャ人の用語がみなそうである。それを近代語に移すに当っては、形をそのまま外来語として用いたものもあるが、やがてそれぞれの国語の中から同じような感覚語を探してそれを抽象語に直してそれで置き換えるようになったのである。その経過を考えてみることは、国語の場合について教えられるところが多いにちがいない。

哲学用語の将来を暗示するものとして、儒教や仏教の思想をその原典にはない言葉で表していた例を、これもほんの一端をあげてみよう。

禅家の術語

悟り——生悟り、偽悟り、悟りを開く
眼——眼が開く、眼を開く、一隻眼、悟りの眼
力——力を用いる、力がある、力がない、力をつける、力を示す、定力、腕力、自力
心——心を明らめる

腹
働き
仕事
所得
透る
詮索
調べ
室内――室内の調べ、室内の工夫
骨折り
坐る
親切
実地
取って返す
打ち込む
成り切る
直かづけ
足下――足下を固める、足下を見る
棄てる

死ぬ
休む
疑う
埒――埒開く、埒を開ける
手に入る
仕上げる
自力で噛み出す
蘇る
活きる
見破る
分別
捌く
付いて廻る
形につく
縛られる

次に無智な人が使った哲学用語の一例をあげよう。但しこれは言葉として巧いとは言えない。

大本教教祖の術語

大本――綾部の大本、大本の御用、大本の仕組
仕組《しぐみ》――大事の仕組、深い仕組
立――立替、立直し、立別け
世――世直し、世が迫って来る
世界の大掃除
峠――大峠、峠を越す
神――神がかり、天地の実地の生神
実地
まこと――まことのしぐみ、「まことさへありたら貫けるぞよ」
取次（媒介の意）
めぐり（罪障の意）
鏡――善い鏡、悪い鏡
学《がく》、智慧
鼻高さん
われよし（利己主義の意）
とり（感得の意）――ほかとり（誤解の意）、とりちがい
おかげ――おかげ取る、おかげ落す

その文例を左に引く。

「二度目の世の立替を致す綾部《あやべ》の大本《おほもと》の御用は、普通《ひととほり》の誠正直《まことしやうじき》の身魂《みたま》では間に合はん」と申してあるぞよ。産《うぶ》の心の身魂《みたま》で無いと、昔の元へ立替《たてか》へる天地の御用であるから、末代肉体の其儘《そのまま》で居る活神《いきがみ》が出て活動《はたら》かねば、霊魂《みたま》ばかりの神では、到底《たうてい》間に合はんぞよ。天の大神《おほかみ》様の御指図で、地の大国常立尊《おほくにとこたちのみこと》が命令を下げて使ふから、鎮《しず》まりて発根《ほつこん》の胴《どう》を据《す》えて居らんと、ポカついては何も出来んぞよ。ジックリと揃《そろ》うて、各自《めんめ》に我の心を改めて見て、「此心では掃除《さうじ》はできて居るか。此《この》心では活神《いきがみ》の御用が出来るものか」といふ事を十分に我が考えてみて、誠が通りたなら、神から夫《そ》れ夫《ぞ》れ身魂《みたま》相応の命令を下げるから、其上で無いと大事の御用は直《じ》きから出来んぞよ。

（出口ナオ『大本神諭・火の巻』、大正五年）

教祖出口ナオは文盲の老婆で、一種の符号で書きつけたものを他人が解読したのである。文字の知識の全くない者はこのような言いかたをしたのである。哲学の翻訳と両極端をなす。一七世紀の初め、ヤーコプ・ベーメが書いたものにはこの趣があったであろう。ベーメは無学の靴工で、ドイツ語で書いた最初の哲学者と言われている。当時の学者語はラテンに限られていた。ベーメがラテンを全く読まなかったかについては異説があるが、そのドイツ語にはラテンの翻訳という意図が全くなかったことは明らかである。哲学用語としてのドイツ語が定まったのはやはりカントからであろう。そのドイツ語化の方法は〈philosophia〉を〈Weltanschauung〉あるいは〈Lebensweisheit〉とし、〈perceptio〉を〈Wahrnehmung〉とする類である。参考にすべきである。

第二章　説得の文

一つの推理を精しく述べることと、その推理を人に説いて解らせることとでは、その説きかたにちがいがなければならない。聞く人の理解の程度に応じて、説明の言葉を加減しなければならないわけである。これもまだ推理の文のことと見ることができるが、推理によって人を動かすということになると少しちがう。これは推理が手段に使われるのである。目的は人を動かすことであって、ただの推理の外に同じく理性を動かすような他の手段も併せ用いられるのであって、他の手段と言っても、ここで考えるのは文のことで、すなわち作文の技巧である。このように、人を説きつけるための文を推理の文と区別して説得の文と言うことにする。

人を心から推服させるには、その理性を納得させるのが最も正しくかつ最も力ある方法である。従って推理を尽くした文こそ、説得の力にも最もすぐれているはずである。例えば、誰も数学の証明に抗うことはできない。しかしそのように説得される理性を誰もが持っているわけではないので、弱い理性に向かっては、精しい推理も却って力を持たない。また、明白な結論を下し得るようなことがらがそうあるものではない。互いに言い合いをしなければならないようなことは、むしろ俄に結論を下し兼ねることが多いのである。もしさまざまな理由を正直に量り比べていたのでは、いつまでも結論は立たず、自分で自分を言い負かすようなことになるかも知れないし、それでは説得は効果がありようがない。頭のいい弁護士は自説を主張する中にはいつか相手方をも弁護していることがあるものである。人を言い負かすつもりなら、あまり言い過ぎてはならないのである。これで見ると、説得の文には、自ずから推理の文とは別な工夫がなければならないことになる。

アリストテレスが特に「レトリカ」を説いたのは、この説得のためである。政治家の演説の技術、法廷の争論の技術、として説いたのである。それまではただ煽動または詭弁の術で、感情に訴えて心を惑わすことを主としていたのを、推理を基とする説得の方法として説き、論理学の応用のようにしたのである。これが西洋のレトリックの原本となったが、今はその名の示すような演説法あるいは雄弁術としては重んぜられていない。ギリシャのデマゴーグたちの雄弁宏辞そのものが重んぜられない。一つはその当時の演説が今は書くことに変わっていることによるが、演説法として見ても、今は特にそのための技巧が考えられるようなことがない。却って工まない話しかたをよしとし、聞く人もただ話しかたで迷わされるようなことを恥じ、そういう詐術を知ろうという興味を起こさない。しかしギリシャ人のこの説きかたの工夫は書きかたにも応用される。今レトリックと言えば、殆ど書きかたのことである。アリストテレスの説もそのように解されている。而もここに言う説得の技巧は必ずしも詐術ではない。

説得の技術としてのレトリックは軽蔑されてはいない。ただ人がそこに心を用いないだけのことである。そして人の為に説くという用意は、多くの文章に欠けているように見える。人の為に説いていながら、そしていつも説き伏せたいと望んでいながら、そうなのである。新聞雑誌の評論も学者の論文と変わったところがなく、多く人に読ませるための用意があるとは見えない。修辞法は軽んじられているが、修辞法の価値と必要とは少しも減じていない。

また、講演や討論について、そのしかたの心得が何もいらないとは信ぜられない。やはりこれは人を傾聴させなければならず、人を承服させなければならない。工まない話しぶりと言うのも一つの工みである。

また、この説得の技術が推理をただ述べるのにも助けとなることは言うまでもない。説得の技巧と思われることを数えあげて見よう。

(1) 推理そのものが先ず明らかでなければならない。

推理を以って人を服させようとするのであるから、推理そのものが明らかでなければならない。しかし、推理の文が結論を索めてそこへ行きつくことであるのに、説得の文はある定まった結論を人に受けとらせることである。従って、推理の仕立ては逆になり、説得では既に定まった結論のために前提を求めるようになる。よかれあしかれ、その結論に都合のよい前提を求めるようなことになる。

(2) このような推理を述べるには、推理の文に求められる資格を十分に充たさなければならない。ただ充たすだけではなく、充たしていることを誇示しなければならない。従って推理の体はことさら明らかでなければならない。前提から結論に至る段取りを明瞭に——明瞭と信じさせるように——表さなければならない。こみ入った詮議や些細な擬議は禁物である。聞いて信じようとするものには、すべてよけいなことである。一時に一事を述べるのがよい。気まぐれに種々の事に渉るようなのはよくない。論旨は一つであるべきで、適当に繰り返してでもそれを明らかにすべきである。

推理を述べる順序は、前提から結論へ導いて行くのと、結論から前提へ溯ってみせるのと、どちらもあり得るが、その効果はちがう。前提から始めるのは、ごく普通な誰にも疑い得ない事実を述べて先ず承認を求め、そこからいやおうなく結論に導くことである。結論を先ず述べるのは、それによって疑問を起こさせ、それを順次釈いて行くことである。

説く人と聞く人(あるいは読む人)の立場の相違をいつも頭に入れておかなければならない。説く人は予め精しく考えているが、聞く人は始めて聞いてその場で理解するのであるから、直ぐ明瞭な想像が起こるようでなければならない。簡明な理由により直ぐ結論を述べ、主に想像に訴えなければならない。理由をくどくどと述べても聞いてはいない。せいぜい相当な理由があるらしいと思うだけである。

(3)　用語は簡明、直截でなければならない。

聞く人の耳になれたよく解る言葉を用い、自分も話しているように思わせなければならない。術語や外来語などを用いることはつとめて避けなければならない。そういう衒気は反感を挑発することが多いのである。

文章も従って簡潔でなければならない。簡潔な文章は説く人の確信を感じさせるものである。聞く人は説く人の言葉の真偽を量ろうとするよりも、説く人の確信に早く同化したいのである。

しかし、用語や文章があまり卑近になってもいけない。聞く人（あるいは読む人）は、またおのおの衒気があり自負があるから、それを私かに満足させなければならない。つまり説く人の言葉は、聞く人の衒気より多くも少なくもない程の衒気を持たなければならない。聞く人をひどく負かさない程度に説く人は、勝れていると思わせなければならない。

いったい聞く人は、自分が漠然と思っていることが明瞭に言われるのを聞いて自分の考えを確めて喜ぶと同時に、自分の知らないことを聞いて知りたいのである。この好奇心（知識欲）と衒気をも満足させなければならない。従って、そういう知識や事実を説かなければならない。少しも衒う気なく、恰も誰もが当然知っていることであるかのように。

態度や語調によって人を動かすという場合は少ないようである。一時は動かされても人はやがて気づいて自らその影響を振るい落し、却って厭悪を感じるであろう。却ってそのように人を強いるようなそぶりを見せず、さり気なく淡々と意見を述べて、聞く人の判断に俟つという態度の方が効果が多いようである。つまり態度や語調をつくることも人がそれを気づかない程度に適度にというのが正しいようである。

(4) 心に推理がととのったものとして、それを人に説くにはさまざまなしかたがある。

理性に向かって説くなら、その方法は一つしかないわけであるから、さまざまなしかたというのは想像に訴えるのである。(通俗な意味では、感覚に訴えるという方が通りがいいかも知れない。)

例の枚挙

或る推理をただ述べたのでは、それがどんな場合をいうのか判らないことが多い。その為に一、二の事実を例にあげることがよく行れる。これらの例は理由にはならない。理由としては不完全である。その一、二の例から推して、常にそうだと言えないのは分かりきったことである。そう言えないから、どのこととかぎらずに一般の場合として言うのである。しかし、それを人に説いて解らせるには、そのような推理の根拠となった事実を一、二あげるのがよい。理由としてでなく、例として。説く人にはそういう事実が分かっていても、聞く人には分からないのだから。例えば――と、さっそくその手段を用いることになるが――「外国人の目には、我々自身気づかないことがよく映り、教えられることが多いものである。例えばザビエルがそうである、シーボルトがそうである、モースがそうである、ハーンがそうである、タウトがそうである」。また、「二つの変化する量の一方の値が決まるに従って他方の値も決まるときは、後の方を前の方の函数と言う。例えば、ある商品の生産費はその生産数量の函数である。また投げ上げられる球の高さは、投げるときの速度の函数である」。

このような例が多いほど、その話は分かりがよい。事実に精通し経験の豊かな人でなければこういう例話はできない。また聞く人にそう思わせる。

これは推理としては不完全な帰納であり、せいぜいその便法である。しかし説得の方法としては有力である。説得には想像力に訴えるのが効果があるからである。また、聞く方としては、先ず想像が起こらなければ推理も動きようがないのである。また、抽象名を言うよりその一例を具体名として言う方がよい。「古い文明国」と言う代りに「波斯」と言い、「近代の天才」という代りに「ダ・ヴィンチ」と言うようである。精確ではないが、明瞭である。

数え上げ

これも例あげの中に入ることかも知れないが、ある普通な名を言う代わりに、個々の特殊な名を列べあげることである。例えば、「どんな人でも」と言うところを、「金持ちも乞食もサラリーマンもショウガールも」と言い、「多くの国々」と言うところを、「支那や印度や波斯や土耳古」と言い、「人生の空しいいとなみ」と言うところを「遊戯、狩猟、訪問、婦人との談話、観劇、戦争、栄達」と言うようなものである。これも想像にはたらきかけるためで、このような言葉により文章は生き生きとして来る。

繰り返し

同じ語句または同じ文を（ときにはいくらか変調しながら）繰り返すことでその印象を強めることができる。その繰り返された語句が文章を簡明にし、見透かしをよくすることにもなる。代名詞ですむところをその名詞をそのまま再び用い、「それ故」と言えばいいところを前の文を繰り返しなどする。一つ一つ順に言って来たところを一所にまとめてまた言うようなこともある。

論旨（結論）もうまく繰り返されれば尚よく徹底する。楽曲が一つの主題を繰り返すのと似ている。主題はそのまま、また少しく変えて繰り返される。これが主題を明らかにし、かつ楽曲の全体に統一の感を与える。ただの推理の文なら、結論をどこへ置こうとそれを見分けるのは読む方の務めである。しかし、説得の文ではそうではない。見やすく見せつけ照らし出すのが書く人の務めである。

喩え

これもよく用いられる。これは例の一種である。不完全な例である。もともと例ではないが、多くの点で似ていて而も熟知なことであるので、一種の例のように用いられるのである。これは喩えに引かれることが明らかなよく知られている場合に限る。しかし、精確な推理ではないから、これにあまり重さをかけ、また頻用すれば、推理の体を損じる。ごく軽く用い、またあからさまな喩えを言わずに用い、またほんの解説と言う程の意味で用いるべきである。

(5) 推理そのものを明らかにするために、さまざまな手段が取られる。

説得の文の力は何よりもその推理である。推理を直ぐのみ込むような相手なら、他に何も手段はいらないのである。想像に訴えるのもこの推理に引き込むための手段である。人の心にただ想像を起こさないだけなら、それは説得ではない。例えば、小説は一つの想像を描いてそれをそのまま人の心に移し、直ちに同じ心にし、同じ感慨を起こさせることである。同じく感化の効果はあるが、推理による説得とは違う。説得は一つの推理を相手の心に起こし、自ら推理させ、同じ結論に導くことである。従って、推理の方法がそのまま説得の手段に用いられる。比較、分類、帰納、演繹などがそのまま説得の手段になる。ただそれが説得の場合には特に判りやすくなければならない。推理として完備していなくても、判りやすく言わなければならない。誰も知る著しい場合を数えあげて、簡単な帰納を示し、煩瑣に渉らぬ程度に分類なども用い、また故らしく三段論法の形で言いなどする。これは推理と言うよりは説得の手段（すなわち修辞）であろう。そういう手段の著しいものを二、三あげてみよう。

反駁

否定が推理のはたらきの反面であることは、論理学で知ったとおりである。肯定は否定によって支えられるものである。もし否定を伴わない肯定なら、ただものを思い浮かべる想像と変わりないであろう。否定に備えて身構えた想像が推理と言える。推理のはたらきの勝った文にはいきおい否定の言葉が多くなる。極端に言えば一語毎に否定を伴っている。それが想像とは異なる推理の特徴である。

このことが説得の手段にも用いられる。主張と矛盾する考えあるいは反対な考えを反駁して、主張を間接に支持する。反駁がみごとなほど効果がある。反対説の誤りが誇張されることもある。誤りや失敗はとかく面白がられるものである。その覆される説の中には、相手が私かに信じている考えやありそうにも思っている考えがあって、その誤りが公然と仮借なく指摘されるのを他人事のように見る。そして言う人の主張にそれだけ近寄って来る。

主張よりも論駁が主となったような文章があり、その効果は馬鹿にならない。鋭いやかましい論客は主に反駁する人であることが多い。反駁も度が過ぎるといやがられる。どんな正しい考えもいちおうは反駁されるからである。それは正しい反駁ではない。そして何も主張がなくて、ただ反駁だけに熱情を燃やす論客も少なくない。

この誤った考えをいちおうは重んじるように言ってみせるのは皮肉になる。それを聞く人も私かにへこませられる。誤った考えが大まじめに信じられているように言えば、諧謔になる。それを笑っている中に、自分をも笑わなければならなくなる。この皮肉や諧謔も反駁の手段としてしばしば用いられる。

対照

対照は同じ類に属しながら違いの最も大きなことである。これも推理の説きかたとしてしばしば用いられることである。あることの特徴を明らかにするために、それとの違いの著しいものを比べて見せるのである。それも推理にすでにあることであって、推理の正しいものはある考えの範囲の全体に行き渉ることであるから、違いが極度に近づいたものがいつも見比べられているのである。比較を極度に進めたものが対照であり、対照の極限が矛盾と言える。

対照や矛盾は想像の視野を広げる。想像はすなわち有り得ることである。事実は有ることであって、有り得ることの一部である。有らぬ想像に対比して、有る事実の意味も明らかになるのである。事実から見れば想像は矛盾または対照であって、これが想像を促す素である。

設疑または設問

人を説くと言うことは、要するにこちらが思うと同じ判断を起こさせることであるから、人の判断を促すことも説きつける手段の一つである。そこで頻りに問いが用いられる。それを自ら答えて見せることもあり、答えないままでおいて、聞く人が自ら答えるのに任せることがある。

わざと言葉を濁して曖昧に言うのも、相手に補わせるためである。

謎めいた言葉、解り難い言葉、が人を補えるのも、それが人に自ら判断することを強いるからである。そして人は判断がつかないことを自分の責のように思い、その言葉がいつまでも忘れられず、そして捕えられてしまうのである。その言葉を真と言うことはためらわれるし、偽と言っては笑われそうなのである。

これは言う人の考えがもともと明瞭でないか、言う人がうまいか、聞く人が愚かであるか、いずれかであろう。

禅家は説教するのに絶えず叱り絶えず罵る。聞く者はいつも恥じ、いつも自ら責めなければならない。説く者の言葉には冒しがたい権威があり、聞く者はただ無知で愚かである。ところが、説く者は、聞く人に真偽が直ぐ判断できるようなことは何も言っていないのである。それだから説く者は強いのである。誰も偽と言うことはできない。そして真かも知れないのである。

御託宣や占いの強みは何も理由のないことである。

(6)　感情に訴える。

同感も確信も感情なのであるから、この感情に直かにはたらきかけるのも有効である。理性に訴えるだけでなく想像にも訴えるというのは、感情の力を借りた一つの近道である。言葉を強め、態度をあらわにするのも感情に訴えるのである。真理については確信の情を示し、虚偽に対しては侮蔑または嫌悪の情を示すのも同じ効果を狙ったことである。

これには、説く者自身が真実な感情を持っていなければならない。説く者に確信がなければ語調にもしぜん力がなく、また逆に言葉や態度が不当に誇張される。感情が誇張されても却って効果がない。説く人が理由もないのにひとり興奮するようなときは、聞く人は却って冷静になってしまう。感情を用いるのは、この場合特に適度にしなければならない。説く人も感動していなければならないが、それをあらわに示さず、人に察せられる程度なのがよいであろう。感動するのは、聞く人でなければならないのであるから。形容詞、副詞などの修飾語も少なくそして明確にすべきであろう。しかしこのような感動の最も強いものは理性自身が起こすものである。

感情の力で理性を欺くこともあり得る。これは正しい説得ではない。詭弁はすなわち理由のないことを信じさせることである。その手段については、論理学が推理の誤謬として種々数えあげている。例えば、説く人の風采、語調、地位等に対する信頼の念に乗じること、説く言葉の権威を笠に着ること（引用によって）、多数者を引き合いに出すこと、飽かず繰り返すこと、脅迫し誘惑し煽動すること、などはそういうものである。政治家の煽動は多くそういうものである。商人の広告宣伝も、自ずからこの手段に頼っているのである。これらは推理を誤らせるものであるが、それだけまた感情が推理を動かす力の大きいことを示している。それを悪用したのが詭弁なのである。善用されるのを咎めることはできない。正しい考えを説くことを助ける手段としてはやはり有力である。古い人の言葉を援用すれば、むしろ人は信じやすい。聞き手が説き手の人を信じて耳を傾ける気になるのでなければ、何も説くことはできない。禅家の恫喝や罵倒もあながち咎めることはできない。独り合点や増上慢にはいい薬なのであろう。教師の態度や語調による感化は無視し得ないものがある。また教師に信念があれば、それが自ずから言葉や態度の端に現れるものである。

例や挿話によって聞き手の興味を誘い、諧謔を弄しなどするのも、説きかたの一つと言える。

このように感情も説得の手段の一つとして忘れてはならない。その感情に虚偽や誇張がなければしばしば有効である。もし感情を以て理性を惑わすようなら誤りである。

ここに見たように、一つのことを言うにもさまざまな言いかたがある。肯定で言い、否定を借りて言い、問いの形で言い、省いて言い、誇張して言い、などする。このような言いかたを修辞法の本では文の形（figure）と言っている。文姿、詞姿などと訳されている。それをすべて数え尽くせば三百種にもなるということである。それは細かな枝葉まで入れて言っているので、主な幹はそう多くありようもない。ここに述べたようなことで大概は尽きている。細々したことまで心に留めておく必要はない。これらは文の形の分類としては意義があるかも知れないが、文を作る上の心得とすべきものではない。それらの形の多くは文を作る人の頭の素質と能力に従って、またその時々の空気に応じて、自然に現れるものである。作文の心得としては、ここに述べた二、三は先ず忘れてならないことであるが、その他は技巧としての価値もはるかに劣り、それこそただの修辞と言ってよいものである。推理の骨組みもととのわないで修辞に心を配るようなのはむろん邪道である。

説得の文の一種として問答体や対話体が考えられる。この二つは似たようなものであるが、対話体の方がいっそう自由なところがある。

問答体は質問者を作って、その問いに応じて一つ一つ答えるようにして説得する体裁である。およそ説話はみな問答と言えるのであって、説く人は聞く人の問いを予想してそれに答えるようにして行くのであるが、問答体はその聞き手の問いを言葉に表したものである。聞き手をこしらえることによってどんな問題もつくることができ、それに洩れなく答えることができる。説き手が独り話すというのでは、予想する問いは自ずから制限され、どんな問いにも答えるということにはならない。その人の独り合点でいろいろな問いも取り上げずにしまうことがある。ところが、おぜいの聞き手の中にはあらゆる問いがある。問答体ならそういう問いをすべて、幼稚なものも的外れなものも、取り上げて答えることができる。そして問答体となると、またそういう問いがいくらでも思いつかれる。

また、問いがあってそれに答えるということは、説く人にも容易である。問いが何と言うべきかを決めてくれるからである。

宗教の教理の解説にこの体が用いられることが多い。教理はととのっており、疑いようのないものである。説かれる人は無知であり、説かれることを願っている。これは恰も問答体には打ってつけの場合である。

対話体は二人またはせいぜい数人が話し合う体裁のものである。その話し合う仲間の中には、教える立場に立って説明し説得する人もいていいが、聞く人はただ教えを請い聴聞しているばかりではなく、それと違う思想を持って難を言い、だめを押すこともできる。そこが問答体と異なり、それより自由な点である。従って、これは教理の説明などにはあまり向かない。説く人の意見は、相手の意見によって棄てられたり変えられたりすることもあり得る。聞いて異議を挿むという人も自由なら、説く人も窮屈でない。説く人も言わば試みに説いているので、話の進み工合ではいつでも考えを変えようとしている。従って対話体が適しているのは、話し合う人達の頭も知識もほぼ匹敵する場合である。もしその仲間に先生が加わっているとしても、その人は弟子たちと話して、その捉われない考えを聞きながら自分の考えも推し進めて行こうとする自由な無私な人柄であるか、弟子達に意見を言わせて、そこへちょいちょい嘴を入れなどしながら思うところへ連れて行こうとする卓れた教師であるか、どちらかである。

対話する仲間は対等なのが原則である。誰か一人がある定まった考えを持ち、それを主張し、そして話のきっかけを作ることも音頭を取ることもするのであるが、それだけである。その人の説に従わなければならないということはない。むしろ話し相手はいつも疑いいつも反対する人なので、従って話し相手はその反対に応じて弁じる人となり、これが対話体の特色である。

いったい推理とは或る考えをただ言うのではなくて、それに理由を添えて言うことで、それは異議に備えてその余地のないようにしておくためである。つまり二つの相容れない考えが言い合いながら進行するので、推理はもともと対話の体を備えている。推理は対話なのである。対話体はこの推理のいきさつを二人の会話として表したものと見られるから、一人の話のように書くよりは推理の運びがよく分かる。或る考えをただ聞いて信じるだけでなく、それが成り立った推理の綾を知りたいと思う人には、対話体が最もよい説きかたである。そしてまた説く方にしても、相手の考えが分かっていてそれに対して言うこと、問いに対して答えること、相手の考えを目あてに反駁すること、の方が、誰に言うのかも分からず、何を言っていいかにも迷うようなときよりもずっとらくである。また、対話の作者は、その中で述べられる考えのどれを自説としなければならぬということがない。登場人物に思い思いの考えを言わせることができ、それらが互いに争い、互いに補いながら流れて行くのに任せることができる。どの考えが正しいかを言うことさえしないですむ。これがむしろ思想の真の姿であろう。対話体は教誡説得の文体と言うよりは、研究探索の文体と言うべきである。

第三章　感情の文

1　再び文の種類について

感情の文は、詳しくは感情と表す文、または感情に訴える文と言うべきであろう。推理の経過と結果とを表すのに推理の文があったように、感情をそのまま表す文がある。情に迫ってやにわに書く手紙とか、興の動くに任せて綴る随筆とかがそれである。これはたしかに推理の文とはちがう。ただその感情がその文によく表されるかどうかはまた別なことである。情に迫って何やら書きつけるということは、感情に伴う行動の一つである。そのほかにも、躍り上がったり歯噛みしたりするかも知れない。だからこのときは感情はまだ作文の動機に過ぎない。その書いたものを文章として見るときは、動機の如何は問わず、ただ何が如何に表されているかが考えられることになる。つまり感情を表す文はいつも感情に訴える文として見られる。この種の文章を読んで同感するのは感情である。文字に書き表せばどのみち人に読まれる。読まれれば、同感させるかさせないかどちらかになる。

感情を表すにはその事情を併せて述べることになる。ただ「悲しい！」、「美しい！」と言っただけでは他人には何のことか分からないし、自分にももの足りない。悲しいと言い、美しいと言うには訳がある。何がどのように悲しいのか、また美しいのか、それを述べなければならない。それはその感情の原因となる人、物、事情、経験を述べることである。感情の文はやがて想像の文となる。ここで想像というのは、事実を心に思い浮かべることである。事実を直かに見聞きする知覚も、その知覚が再生される記憶も、無い事実を心に描く空想もみな含んでいる。言葉に写されるときは、知覚も記憶も想像である。この想像という言葉は、一方では事実に対して用いられ、他方では推理に対して用いられる。言葉が表すものは事実そのものではなくて、それが心に捉えられた影であることは明らかである。また、推理は事実の比較あるいは関係を考えることと言えようが、想像は事実をそのままの姿に思い泛べることである。感覚の質、時、所など、知覚されるときのようすそのままにものを思うことである。この知覚が人の生活が行われる場所であって、感情はいつもこの知覚に伴って起こるものである。従って感情を表すにも知覚すなわち想像を借りることになり、想像を写すのも多くはそれに伴う感情を写すことであるから、感情の文はまた想像の文と言ってよい。感情は作文の動機または目的であるから、文の作りかたから言えば想像の文と言うのが当たっており、推理の文と言ったのと対にするのにもよい。

文章の種類は大きく二つに分けて、推理の文と感情の文（あるいは想像の文）とするのがよいように思われる。世の中の種々雑多な文章を截然とこの二つのどちらかに分けてしまうことはできないが、それらはこの二種の文章の取り合わせと見ることができる。小説、評論、手紙、随筆など、みな二種の文章を含んでいる。つまりこの二種の文章はすべての文章を組み立てる要素である。ここでは文章の型として二つの種類を考えれば足りる。

記実の文あるいは記述の文も想像の文に数えてよいものである。これは事実の見聞をそのまま記す文である。例えば、新聞記事、観察記録、年代記、記事、報告などがそれである。これは直ちに感情を表さないが、感情の文は記実に渉ることが多い。推理の文も記実を含むが、記実はまだ推理に至らない。そして事実も言葉に写されれば想像と言うべきであることは今も述べたとおりであるから、これは感情の文と言わなくとも想像の文と言うべきである。これは二種の文、すなわち推理の文と想像の文の境にあるものである。

感情の文の典型は詩である。詩に言葉の本質とはたらきは残りなく現れている。言葉は事実を写すだけでなく、新たに想像をつくる。言葉は写すのではなく、表すものとなる。散文の言葉でも、じつはいくらかそうなのであって、そのはたらきはただ写すのではなく表すにある。事実とはなれて却って一つの新しい事実（想像）を表すようになれば、それだけその散文は完成に近づく。詩は事実とは別に一つの世界を形づくっている。これは数学の記号と式とが一つの世界を成していたのと同じである。詩が感情の文の典型であることは、数学が推理の文の典型であるのと同じである。

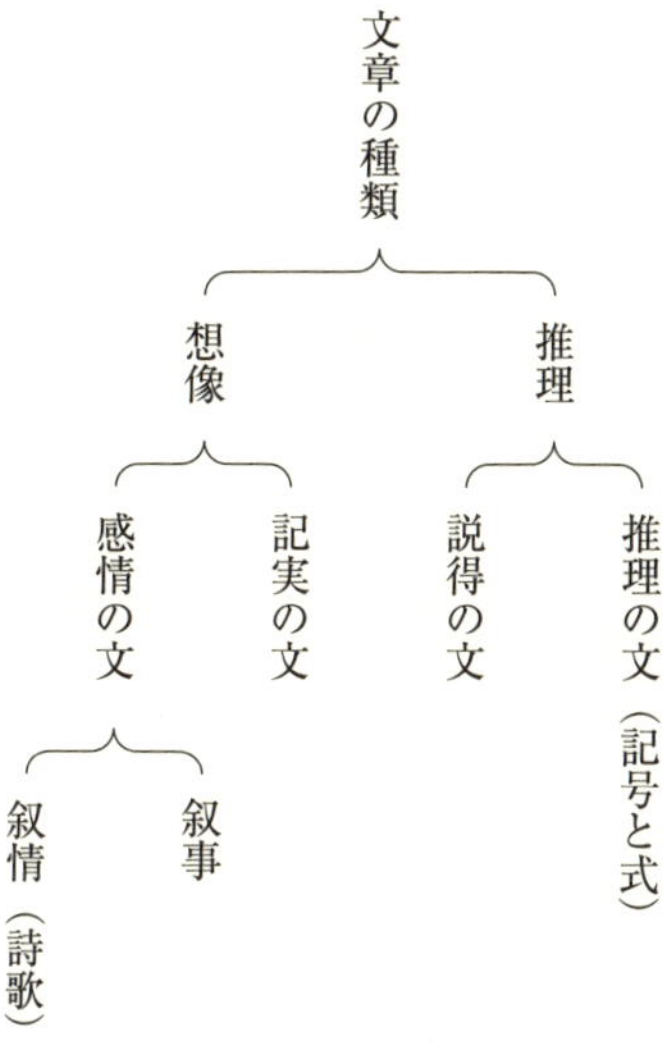

同じ感情の文の中でも、記実の文から詩までの間に叙事に託することの多いものと、叙情にまさるものとをその程

度に従って順に区別することができる。
　これらを考え合せて文章の種類は前頁の図のようになる。

2　文体の定義

　文体という言葉を定義をせずになんどか使った。それだけこれは今では漠然といろいろな意味に使われている。ここに文章の種類と言ったものも、文体の種類と見る人があろう。また、言葉の選びかた、文の運び、などを文体と言うこともあるようである。主に文章の形を見て言っているので、文章の体裁と言う程の意味がある。また、文章の内容に立ち入ってその特徴を指して言うこともある。例えば、ある作家の文体を言うときは、言葉づかいの特徴だけでなく、その人の思想、気質、描かれる題材、などの特徴を指している。

　言葉は変わるもので、それを使う人次第のものであるから、強いて一つの意味に決めておかねばならぬということはないが、このさまざまな意味は整理しなければやはり都合が悪い。文章の種類は文体と言うべきではない。それぞれの種類の中でも、人によって文章の特徴はちがうので、そのような特徴が文体である。また、言葉の選びかたや言いかたは、この外に文章の特徴をきめるものはないはずであるが、これがもし趣味あるいは言葉のセンスと言うほどのことなら、取り立てて言うにも当たらない。しかし、これが思想から来るものなら、文章の主な特徴と見てよいであろう。思想はすなわちものの見かた感じかたで、その人の個性にもとづくものである。思想の明瞭な人なら文章も明瞭となり、連想のはやい人なら言葉も多彩となるというようである。しかし思想や感情そのものの特徴は文体と言うべきではなかろう。同じ思想が、ちがう人にはちがって表される。思想が文章の特徴を定め、また文章によってはじめて思想が形づくられるということが特に感情の文にはあるが、この二つはやはり分けてみられる。そしてここで考えるのは文章のことだけである。

こう考えて来ると、文体は書く人の個性にもとづく文章の特徴、ということになる。

推理の文と言えば文章の種類であるが、それをその作者の個性と見るときは文体と言うことができる。ある人の書くものに推理の要素が勝っていると見るのは、その人の文体を言うのである。ある作品の思想（内容）の特徴まで文体と言うことがあるのも、それが作者の個性にもとづくと見るからである。言葉や言いかたのセンスと言うようなものも、文章の個性として見れば文体と言うことができる。

このように文体の起こりは書く人の個性であるが、その個性は主に感情である。と言う意味は、文体は主に感情の文について考えられるということである。推理だけの文には文体はない。幾何学の問題の証明は、中学生が書いても大家が書いても同じである。デカルトはその「幾何学」をわざと解り難く書き（自らそう言っている）、ガウスは着想の出所などを気づかれないように書き、オイラーはそこを何もかも包まず書いた、などと言われるが、どのような書きかたをしたところで、書かれたことの真理に関わりがないので、どう書いても同じである。ところが感情の文では、真理は書きかたによる。むろん真理と言う意味もちがって来るが、この場合真理は文の上で明らかにされ、むしろそこに造り出される。例えば、同じ数学者のパスカルの散文について見るのに、パスカルの数学の論文には文体の特徴と見るべきものはない。パスカルらしい書きかたがあったとしても、証明の真偽には関わりがない。ところが、同じ人の『感想』（*Pensées*）や『田舎の友人への手紙』（*Lettres provinciales*）には明らかに文体がある。これは推理の文あるいは説得の文と見るべきであるから、同じ趣旨はパスカルと同心の誰かが書いても書けたはずである。しかし誰が書いても同じようには書けなかったであろう。このときパスカルの文章が表す真理は独特で、他の誰の文を持って来ても置き換えることができない。趣旨は同じでも、その書きかたの効果がちがうのである。この効果がちがうことは、この場合真理がちがうことである。そしてこの効果のちがいは、同じ趣旨をパスカルが他の誰ともちがって感じたことから来ている。パスカルの文章は、推理の文だけではなくて、感情の文を交えたものである。そこに文体の起こりがある。

因に、パスカルの散文は西洋文学では独特と言われているが、その骨組みは推理に外ならない。本質は一服の推理の文と異なるものではない。ただそれが省略や飛躍によって鋭く現れただけである。、『感想』は下書きがそのまま残ったものらしいから、それでよけいそうなったのかも知れない。この多くの断片も明らかに一つの推理の筋で貫かれている。しかし簡潔なだけに言葉の含蓄の深いことは、さすが文体の力を感じさせる。列挙、比喩、対照、反語などが程よく表されて自ずから修辞の効果を発揮している。これは鋭い頭と感じ易い心とが現した自ずからな姿とも見られるが、幼い頃ラテンの作家を読まされていたにちがいないパスカルが、ラテン古文の修辞法をまるで知らなかったとは言えない。彼自身は修辞法（eloquence）を侮っているが、これはそれについて無知でなかった証拠であり、またその頃それが重んじられていた証拠である。

国文にもこれに似た文体の例はやはり見いだし難い。ただ支那の古文は、その文字の性質と主に対照によって進められる推理とによって、ままパスカル文に似た感じを与えるものがある。

感情の文では、すべてが言いかたに、書きかたにかかっている。数学のような推理だけの文では、書きかたの如何に関わらないものがある。感情の文では、或る見聞または想像をただ描写するにしても、描写すべきことがらや特徴の選択、その見かた、には感情がはたらいており、従ってそういうただの描写にも感情は表される。まして、好き嫌い、よしあし、というような気持はそう言わなければ表れようがない。そしてその感情はその人だけのものである。このような感情の個性にもとづく文章の特徴が文体である。例えば「今日も雨が降る」というのは、事実と平叙したに過ぎない。しかしそのときその人を取り巻いた無数の事実の中からこれを選択し、そしてそれを言い出すことは、その人でなければできなかったので、事実そのものはごく普通であっても、それを述べた一節の文は独特となる。更に「うっとうしい」、「くさくさする」などと言うとすれば、もうその人でなければ誰にも言えない。そしてこの言いかたによって直ぐものごとが変わってしまう。「うっとうしい」と言うところを「しずかに心楽しい」と言うとすれば、世界はたちまち一変する。その世界は更に形容や描写によってどのようにも創られて行く。このような言葉と言いかたを重ねて一篇の文章は作られ、その特徴が文体である。

感情の文を推理の文と比べて言うなら、推理の文の典型と見るべき幾何学では原理は定まっており、内容も数も限られているのに、感情の文ではそれが細かで多数なのである。善悪好悪をきめる判断がそのような原理と見られるから、人によってそれぞれちがうことになる。このように判断し選択するのは感情であり、その感情の出て来るところは人である。文体の骨組みを作るのは感情である。推理の文の骨組みが推理であったように。推理の文は、どのみち事物そのものに備わる真理を写すことになり、推理はつまりそれを言い立てることなのであるが、感情の文を作るものは人である。

3　よい文

明治二〇年頃に始まる言文一致の運動によって、古い文章の型は今は全くなくなり、話すように書く口語文だけになったが、ただ話すように書いてもよい文章とはならないので、口語文を文章として見て、そのよしあしを考えるべきときになって来ている。つまり古い文章の型に代る新しい文章の型を考えなければならないのである。よい口語文はたしかに現れているが、文章のよしあしを定める目やすは、まだよく知られていないように思われる。今でも年輩の人の中には、よい文章は古い文語文にだけあって、口語文はすべてそれに及ばないものと決めているような人も少なくなく、そういう人の目には口語文に文章の作法などはないと見えるにちがいない。また口語文の外はあまり知らない新しい人たちは、ただ話すように書けばよいと信じているから、書きかたなどをだいじなことと思っていない。作家の間でも、文章の技巧などをあらわに口にするのをばかにする傾きがある。却って口語文の初期にはこんなことはなかったので、古い磨かれた文章を知っていた人たちは、新しい口語文を見ても何よりもその文章を気にした訳で、いま文体や作文の技巧について言うのはまことに損な役割である。そうでなくとも、作法や技巧の談議というものはどのみち重んじられないにきまっている。なくてはならぬものと知りつつ、決して重んじないものである。しかし今は口語文の進歩がそこにかかっていると判ったからには、いちおう考慮を払わなければならない。例えば絵描きのすることを見よ。自然を写せばいいのだと言ったところで、それを写すメティエを知らなくては何も写せはしない。自然を見ると言っても自分の筆で写せるように見ることになるのであるから、写しかたは殆ど見かたと言ってよいのである。文章もこれと同じであるが、言葉は誰も持っているものだから、それを特にメティエと思って見る人がないだけのことである。

さて、新しい文章の型を考えるのに、推理の文については推理の規則そのものから文章の規則も考えることができたが、感情の文は何に則ればいいのか、よい文体は何が故によいのか、それを考えなければならないことになる。

感情の文については、その目的の最もあらわな、またそのような文章として最も洗練された、文学の作品（小説、戯曲、詩歌など）を主に頭において考えることになる。また、枝葉の点ではここに考えるべきことですでに推理の文（殊に説得の文）について言ってしまったことがあり、ここで言うことで推理の文にも当て嵌まることがある。

よい文章の備えるべき資格として次の三つが考えられる。すなわち、第一に表現が的確なこと、第二に表現が自由なこと、第三に表現が洗練されていること、である。

(1)　表現が的確なこと

表現が的確な、とは表すべきことに言葉がうまく当たることである。感情の文の目的は感情をありのままに写して読む人の心に同感を誘うことである。これは恰も推理の文の目的がある考えを（すなわち結論を）相手の心に植えつけることにあるのに当たる。そして或る気持にうまく当たるふさわしい言葉を選ぶということは、推理の文では必ずしも主なことではなく、むしろ二の次である。それがうまく行けばそれに越したことはないが、必須の条件ではない。極端に言えばどんな言葉を用いてもよいので、その意味は定義によって任意に作ることができる。

例えば数学の記号がそれである。意味が誰にも分かる適当な言葉がみつかれば定義を省くことができるというだけである。これに反して感情の文では、感情をありのままに表すにはただそれにうまく当たる言葉を見いだすというより外に方法はない。「やさしい」と言うべきところを「おだやか」と言ったのではもうちがってしまう。「やさしい」と言ってあれば、この言葉の表すようにしか聞く人は感じることができない。斟酌の余地はない。推理の文は直ちにことがらそのものを指し、読む人を同じことがらを思い浮かべて理解するのであるから、言葉の適否、巧拙ということはさまできびしく言われない。

感情の文はそれと全くちがう。また、感情の文では感情はあるがままに写されると言うよりは、言葉によってはじめて捉えられ、形を与えられ、更に強められ、洗練される。感情はむしろ言葉によって作られる。芭蕉の「山路来て何やらゆかし菫草」の一句が表す感情は、これらの言葉の上に作られたもので、もしこの句がなければなかったものである。もし字句を少し変えれば感情も変わってしまう。感情を写すにはそれを直ちに表す言葉を以ってする外、その起こりと見るべき物、状況、事情を述べることもするが、これにも表すべき感情にふさわしいものを選ぶのである。感情を写すのに、それを直かに指す言葉（形容詞、副詞）を用いるだけでなく、その感情の起こりとなった物や状況を描けば、その表現はいっそう的確になる。ただ美しいと言うだけでなく、美しい物、美しいさま、を描くのである。これを描けば美しいと断らずともすむ。その判断は読む者の心に自ずから起こる。これは推理の文がただ結論を言うだけでなく、むしろ理由を述べることを主とし、それにより相手の足がみずから結論へ向くように仕向けるのと似ている。

(2) 表現が自由なこと

表現が自由な、とは文章が読みやすいことである。読み易いというのは、言葉が日用の熟知のものであり、文の運びも心の動きに合っていることである。日用の熟知の言葉は話し言葉である。日常の行動に伴う気持はみな話し言葉で表されており、これが生きた言葉である。話し言葉がそのまま書き言葉とするのにいいのではないが、よい書き言葉は話し言葉から採ったものである。書き言葉に直した話し言葉である。

多くの人は、気持は感じていてもそれを表す言葉はまだなく、ただ形のないまとまりもない気持があるだけなのである。言葉を発することがあっても、ただ気持の一端が口から洩れるので、その気持を写すのでも描くのでもない。それを描く文章はその気持を捉え、形づけ、ととのえ、列べ、する。読む人はそれを見てはじめて自分の気持を知り、心にあって言い出せなかった言葉を見、それがたしかに自分の気持であったと信じる。そしてその文章を読み易いと感じる。読み易い文章は、すなわち人の心を開き、また形づける文章である。

感情の動きは微妙であって、言葉や言葉が表す物、状況などと分けがたく融け合っているから、言葉の動きと感情の動きとの諧和はまた微妙である。言葉を少し錯っても感情は損なわれる。言葉が明瞭を欠いたり滞ったりしていてはもう気持は伝わらない。それだけまた言葉が感情を誘い動かす効果も著しいと言える。その点も推理の文はちがう。推理の文では、言葉はあるものを指し、他のものと区別するための記号に過ぎないから、その選択などということはないと言っていい。「犬」も「いぬ」も〈canis〉もかわらない。定義によって約束すれば「△」でも「□」でよい。すなわちこの場合、言葉は定義によって任意に作ることもできるので、ただ定義を下した後では動かすことができないというだけである。推理の言葉の内容は想像（または弁別）であって感情ではない。推理の文が読み易いというのは、想像（心象）の別と、その弁別の手続きが明らかなことである。感情の文が想像に伴う感情を写すことを目的とし、従ってその感情に結びついた言葉の外は役に立たないというのとはちがう。

読みやすいことは、また書きやすいことでなければならない。読む人の想像に明らかな形を与え、心の自由な流れと動きを助けるような文章は、書く人にも同じであったはずである。よい文体を持った人は心を自由によく表せる人であり、またさまざまに自由を感じる人である。古い文語の語彙や文体を使うことしか知らない人は、今は何もよく表せないばかりでなく、新しい心を持っていない人なのである。よい文章を読めばその言葉や調子がうつって自ずと書きたくなり、書きたいことも浮かんで来るものである。そしてそれを書いた人は、気持をありのままに自由に書いたのである。

(3) 表現が洗練されていること

表現が洗練されている、とは言葉が言葉としてととのうことである。言葉は感情または想像に正しく当たるだけでなく、また心の流れに正しく合うだけでなく、言葉としてととのっていなければならない。言葉はある意味（想像や感情）を表す記号であるが、声と形とを持ちそれに意味の伴った一つの物として見られる。文章を作ることはこの物を素材とする一種の造形美術ともみられる。従って、文章としても美しくなければならない。文章の効果は、書かれることがらよりもその書きかたにあるとも言える。醜いことも、書きかたによっては嫌悪な感情を起こさずにすみ、またそのように書かなければならない。醜いものを憎むのと、それを描くこととはちがう。憎んで書いていても、憎しみの外に何かなければ描くということはできない。その何かは同感ということである。憎しみの感情そのものとその感情に対する同感とは明らかにちがう。文学の作品が表すのはこの同感なのである。醜悪や悲惨をただありのままに書くだけでは、それを読むのはその事実を見ると同じく堪えがたいことである。しかし、それが作者の筆によって描かれたという明らかな跡があり、描術の技巧や感興が現れていれば、憎悪や嫌悪の感情はやや変質し、必ずしも嫌うべきもの堪えがたいものではなくなる。たとい作者の意図は読者に憎悪の念を起させることにあるとしても、それを濾過して、言わば洗練して、表さなければならない。読者は不快になろうとして読むのではない。ただ憎悪の感情に同感したいのである。仮に感じてみたいのである。仮に感じる同感はいつも快である。従って作者は読者が同感できる余地を残して書くべきであり、それには作者自身が同感を持つ人でなければならない。渦中にある人にはない一種の感興を持たなければならない。それが芸術家の態度である。芸術家は常に観照し、常にただ同感する人なのである。その同感が作品に表現され、それがまた見るものを同感させるのである。この同感は道徳上の同情とはちがう。

道徳感情としての憎しみや哀れみはやはり生な感情であって、芸術の感興とはちがう。このような同情も作者を制作に駆り立てることはあろうが、それは制作の動機であって、そのような同情の強さがそのまま作品の効果とはならない。

画家が美しい花や景色を写しても、それが美しい絵とはならない。また、醜い顔や汚い街を写しても、絵としては美しくなり得る。絵の美しさはその描きかたによるもので、絵筆により紙布の上に創られる。文章も同じである。文章については、このことは絵ほどに注意されていないだけで、言葉は事実とは異なった一つのものであり、その組み合わせによって新たに一種の事実が創り出される。言葉は、むしろ想像を伴った微妙な不思議な一つのものと言うべきである。

表現の洗練とは、ただ言葉や言い廻しがととのっているというだけではなくて、さらに文章の上に事実にはない新しい意味が創り出されることである。文章も、他のすべてのその芸術と同じく、事実を写し自然を模倣するのであるが、その事実や自然はしばらく手段として借りられるだけであって、目的は作者の心の表現である。事実や自然は仮にいつも誰にも同じとしても、それが起こす感情や感興は見る人によってちがう。それを表すには、それを写しかた、描くしかたによる外ない。それが文章では文体である。文体は作者の人と心との現れである。同じことがらを描いても描く人によって異なった姿を表わし、多力な作者によればつまらないことも面白くなり、平凡なものも異趣を帯びる。これが文体の真の起源であろう。またそれが技巧の真の意味であろう。技巧は物の写しかたではなくて、心の表しかたなのである。事実と表現とを弁別させるのは、その事実の描写に示された技巧である。その技巧は事実を事実らしく写すだけの技術ではなくて、事実を事実らしく描きながら同時に作者の心を紛れようなく表すことである。事実を事実さながらに写す腕を持っていても、作者の心と感興とを表すことが出来ないのでは、真の技巧とは言えない。してみると、作品について見るべきことはただ技巧だけである。技巧はついに技巧に止まらない。文章の目的はむしろ技巧にある。

文章を練るとは心を練ることである。言葉を洗練するのは感情を洗練することである。これらのことを最もよく表しているのは詩歌である。詩歌は文章の粋であって、ここに言葉の目的もはたらきも残りなく見られる。

4 作文指針

よい文が備えるべき資格について知ったから、よい文を作る心得について考えてみたい。

（1）意想のととのえ

筆を執る前に、描くべき想像なり感情なりを心に明らめなければならない。感情は強め、洗練し、想像は整理し、順序づけ、軽重の別を立てなければならない。筆が滞るのは、この意想が涸れるか混乱するかしたときである。そのときは強いて書こうとせず、むしろ筆を捨てて意想に返り、描くべきものを明らかにすることにつとめるべきである。筆が停ったときは、そのとき簇った意想などはいっそ忘れて、初めから思い直した方が却ってよく書けるようになるものである。言葉は意想に従って自ずから出て来るもので、言葉をこねくり字句にこだわるようになってはもう書けない。却ってそれはますます意想を混乱させるだけで、そうして無理に作る文章は、思いも寄らないものを表すようなことになる。

作家はただ感じる人であるだけでは足りないので、感じることをまた明らかに意識する人でなければならない。清い強い感情を持つだけでは、それに明らかな形を与え誰にも解るように描くことはできない。明らかな強い感情とその意識とを兼ねた人が、すぐれた作者になれる。多くは意識が明らかなのに感情が乏しいせいであって、それではただ凡庸になってしまう。少なくとも、書くときだけは、ただ感じるのとはちがった心にならなければならない。作家は必ずしも渦中の人であることを要せず、むしろ渦中の人であってはならない。

作家が書き直すというのは、言葉や言い廻しを改めることではないらしい。意想を改めることらしい。まずい一篇を全部棄てて新しい一篇に取り換えることらしい。字句をととのえるのは、意想として満足すべき一篇ができ上がった後のことらしい。従って、意想に従って作った文章が、字句にも後から手を入れなければならぬような瑕瑾がないというときは、その人としてやや完全な文体を持っていると言えるであろう。

幾何学の問題の証明を書き下すときの自由と愉快は誰も知っている。筆を執るときは、もう書くべきことは初めから終わりまで明らかなのである。その全体が確信に照らされて目の前にある。そして途中で言葉に詰まるというようなことはない。感情の文も同じである。情が迫って長い手紙を一気に書いた経験は誰にもあろう。しかし小説家が一枚も書けないと訴えているのを見ることもある。しかし書けないものは書けないのであり、書いてはならないのである。筆が運かないのではなくて、意想が切れたのである。

こどもや無知な人や書きつけないしろうとがままよい文を作るのは、書くべきときにだけ書くからである。

いかに書くべきかということよりも、何を書くべきかに心を用いるべきである。書けなければ筆をおくべきで、ためらってもいいことはない。推理や想像は形がなくたよりないが、それこそ言葉を見いだし、文を作るものである。それを思いこれを思いして、暗がりを手探りするような間に、じつは書くべきことが出来上るのである。考える中が実りの時で、書くのはその取り入れに過ぎない。

（2）言葉の焦点合わせ

意想が定まり、筋も立ったなら、それを写すべき言葉をさがすことになる。言葉は意想にうまく合うものを選ぶのであるが、これは言わば言葉を意想の焦点に合わせることである。

或る感じなりことがらなりを表すのに適しい言葉は一つしかないということは誇張に過ぎるように思われるが、いちおうはそう言いたい。或る場合に或ることを言い表すのに、最も相応しいという言葉はあるように思われる。ただその詮索が過ぎるのは誤りである。ごく普通な感じに頼って自分のよく知っている言葉の範囲を探しても、必ずみつかるはずである。この詮索はやり出せばきりがないので、あまり用いられない古語や俗語まで探すようにもなるが、それが度を過ぎるのは感心しない。古語や俗語を採って言葉を豊富にすることはよいが、それは日常の用語に同化させなければいけない。言葉に凝るということは却って表すべきことがらや感じを害い、言葉そのものまで害うことが多いものである。

言葉が動く動かぬということが言われるが、いろいろに言い換えてもあまりちがいはないようなときは、その言葉は動くのである。もし言いかたが一つにきまって他には言いようがないというときは、その言葉は動かないのである。動かない言葉で書かれた文章は正確で実感がある。言葉の動かないことをまた言葉の嵌りと言い、据わりとも言う。また、言葉の適否は、それと共に用いられる他の言葉との調和によってもきまる。或る名詞にはふさわしい形容詞や副詞があり、同じ意味の言葉の中にもふさわしいものがある。それが言葉の映りと言われる。

例えば、人のみなりを表すのにさまざまな言葉がある。「服装」、「衣裳」、「風采」、「風体」、「みなり」、「なり」、

「身拵え」、「拵え」、「身支度」、「きもの」、「お召し」、「お召しもの」、「装い」、「いでたち」、「着ているもの」、「身につけたもの」、などと数えてみればさまざまなのに驚くが、これらは皆、その人と、場合と、組み合わせる言葉と、によって使い分けられる。その場合場合でよく嵌った動かぬ映る言葉を選んで使わなければならない。細かに考え過ぎるようであるが、少し言葉づかいに気を配る人は、自ずから正しく区別している。

また、例えば「美しい」というようなごくありふれた形容詞も、よく考えると複雑な意味合いを持っている。普通には、この言葉は晴れがましくて、そのまま使えるという場合はなかなかない。「夕映えの空」、「雨上りの晴れ渡った五月野」、などは美しいと言っておかしくない。その景色の心を奪うばかりの美しさが言葉の持っている感じよりも強いから安心して使えるのである。絵や、花や、貝や、器や着物については、多くは「きれいだ」と言っている。美しいと言えば実感に遠くなる。ある絵を美しいと言うようなときはあらたまった批評の意味がある。人の容貌を指して美しいと言うのは、この言葉の持っている強い感じを利かして反語として使うことが多いので、「美しい男」と言うのは、いちおうはそう形容してよさそうな特徴を表すと同時に、ほんとうは美しいとは言えないという意味を含めている。また美しいという語感の強さから、現実ではない絵や小説の中の人物のような感じを与える。「美しい女」もほぼ似ている。「美しい女」と形容されるのは、特定な人にかぎられている。同情がなく、ただ傍観する気持を表わしている。行きずりに見かける人、人から見られることになっている種類の人、がよくそう言われる。「きれいな人」と言うのとはちがう。化粧して美しくしたときの人にも言う。美しくしたというその人の気持を掬んで言うことが多いようである。また親しみの気持からも言う。結い立ての髪を「これは美しい」などというのは、その人の羞しい気持あるいは弾んだ気持に合わせていたわるような意味があるので、それを「よくできた」などと言っては、実らしくて何かその場の気持にそぐわない。「美しい話じゃないか」などというのは、それが行いまたは心根の美しさを指し、感覚の美しさでないところから安心して使っているので、それもただ「立派だ」、「いい」と言うのとはちがい、弁護とか、支持とか、推賞とかいう特別な気持が底にある。

一つ一つの言葉でなく、言いかたにも同じようなことがある。拒否の意味を表すのに、「いやだ」、「困る」、「だめだ」、「考えられない」、「考えものだ」、「ばかばかしい」、「いけないわ」、「そうなの」、「考えてみるわ」、「どうしてそんなことになるの」などという言いかたはそれぞれ意味合いがちがう。

このように言えば詮索が過ぎるようであるが、実際には自ずとそういう使い分けが行われている。

翻訳の小説がとかく味わいに乏しいのは、この言葉の選択が十分でないため焦点が合わず、国語としての実感がないからである。私たちがふだん見なれた情景や話し合っている人物が浮かんで来ないのである。原作の言葉づかいや言い廻しや話しかたが既に私たちの習慣とちがうものが多いのであろう。原作の意想がすぐれていても、国語の作品としての欠陥は免れない。原作が傑作と言われながら、その翻訳を読んだのではもの足りないのはそのためである。原作を読んで、その実感を味わい得るという人もそう多くはないはずである。国語と同じように、外国語を味わうということは殆ど望みがなさそうである。そういう翻訳小説のピントの合わない言葉を読みなれると、いきおい語感も崩れ、明瞭を欠いて来る。その語感の崩れたものが、作家の用語ともなり、日常の言葉にもなって来るというようなのである。

（3）筋と山

これは焦点ということであるが、それは一篇の文章にもある。感情の文の目的はある感情を明らかに表して人に感銘させるにある。記述するのが事件であっても、想像であっても、思想であっても、目的はそれらに伴う感情を表すにあって、この感情を介して人を衝つのである。この目的が文章の焦点である。それが山と言われ、そこへ導く順序が文章の筋である。山も筋も明らかでなくてはならない。それが目立って故らしくなってはならないが、何もないのでは文を成さない。短篇の技術は明らかな筋によって一つの山に導き、この案に従って語の全体に緊密な統一を与えることである。人物や情景は、すべてこの話の効果を助けるように作られる。筋がないように書くのも一種の技巧なのであって、何もないのではない。ただあらわになるのを避けてしばらく隠すだけである。長篇には筋の運びは短篇ほど密接な効果を持たないが、長篇を導くものはやはり筋である。長い筋を単調にしないためには、途中に起伏が設けられ枝道も廻り道も作られる。自然や人生は筋があるように動いてはいないから、小さな筋を立ててはその真実な奥深い感銘を損なってしまうが、やはりそこに一つの筋を感知するのが、作家の目であり、作品はそれを写すものである。それを写すために長篇の文字を使うことになるのである。

(4) 意想把み

前にも言った通り、文を作るのには何より先ず意想が明らかでなければならない。意想があっても、それを言葉に表すにはその把みかたがある。そしてその把みかたは言葉でだけ表せる。どんな部分も洩らさず細密に描くこともできれば、要を把んで粗略に表すこともできる。いずれにせよ、特徴を明らかにするのが目的であって、そこに作者の手腕が現れる。

このような把みが自由に行われるには、意想がよく見えて動いたり、紛れたりすることがないことと、作者の感興が活潑なこととが、必要である。この感興によって同じ事実がさまざまな趣を表す。俳味も、画趣も、滑稽も、感傷も、詩情も、そうして生じる。

文章が読みやすいというのも、この意想の把みの明らかなことから来る。意想が明らかに見えていて作者の心に余裕があれば、言葉を選ぶことも、ととのえることも、順序を立てることも自在なのである。しかし、強いて読み易くすることに骨折って意想の特徴を失いみすみす平板に陥るのは取らない。

(5) 言葉おぼえ

いくら意想があってもそれを写すのは言葉であって、言葉があるだけしか表すことができない。而もその言葉は一つの生きものであって、意のままに作ることも更えることもできない。意想があってもそれが自ら語るということはない。意想をよく写すも写さぬも、言葉次第である。同じ気持を外国語ではよく表すことができない。従って作者は先ず言葉に精通しなければならない。これが文章を作る人の技巧である。絵を描くのに素描から始めて絵の具の使いかた、筆の使いかたなどの技巧を疎かにする者はなく、また疎かにしては何も画けないが、文章の作者はいったいにそういう技巧に重きを置かない。それは誤りである。文章でも、昔子規一派が試みた「写生」は一種の素描を見るべきであるが、そういう練習がいつも重んじられるわけではない。言葉の吟味やつかいかたも、特に技巧として注意され練習されるようなことはない。多くは種々の作品を読む中に自ずと会得しているので、その読まれる作品の種類もまちまちであるから、この技巧の質も進歩もまちまちなわけである。この技巧の修得に一定の階梯があって悪いということはない。

しかしこの技巧の修得に際立つのは、読むことよりも書くことである。書いて見れば心を表すものとしての言葉を始めて知ることになり、言葉の心にはじめて触れる。その経験から言葉を探すことも知るようになり、言葉を理解することも記憶することも、それを応用することも、早くなり容易になる。書くことは、意想と言葉との結びつきを明らかにし確かにする。そしてやがて書くように思う習慣ができる。書くことには練習がいると言われる主な理由はこれであろう。よく話す人が必ずしもよく書ける人ではないのは、話し言葉を持っていても書き言葉を持っていないからである。また、おしゃべりな人は言葉の意味を吟味もせず舌先だけを動かすことも多いのであるから、書くとなると臆病になり迷ってしまうのであろう。よく書くためには、ただ書くことに習って、いつも書くように思い書くように話す習慣を作らなければならない。

逆に、言葉を知るにはよく話すことである。あるいは人の話に注意することである。話の中の言葉だけが生きているのである。言葉の真の意味は話されている言葉にだけある。しかし、誰もがいつも話している言葉が正しいのではなく、美しいというのでもないから、作家は人々の日常の言葉の内にその魂を見分けるので、つまり言葉を洗練するのである。言葉は生きものであり、また人々の共有物であるから、恣に作ったり、またみだりに形や意味を変えたりしてはならない。言葉は人々の間で絶えず作られているが、一人の作家がそれと同じ手際で作るのはむずかしいことであり、また下手に作っても人々は受け取ろうとしないから根づかずに枯れてしまう。口語文は、文章の中の話し言葉を迎え入れて語彙や語法を豊富にし、表現の自由を増したことは非常なものであるが、選択や洗練がおろそかになったために、言葉の命が損なわれたことも少なくない。人々の市井の話にも深くは通ぜず、古い文章の成語や故語の記憶も薄れた新時代の作家が、文章に凝って却ってぎこちない言いかたや不熟な言葉を多くしているようなことも見受ける。

話す経験の外に読む経験も欠かせない。書いてみても、読まれる効果が分からなければよくは書けないわけで、この効果を知るには書かれたものを読んでみなければならない。また、書かれたものからも言葉を知ることができる。文語や古語の中には、逆に口語として用いられるものもあり、また書かれた口語がある。口語といっても、今はもう新しい文法なのである。そうして言葉の種類を多くし、表現を自由に自在にし、また言葉の微妙なはたらきを尽くさせるようにするのである。

(6) 感情と想像とのつりあい

俳句や短歌のような短小詩形には、調子のたるむ・たるまぬということがある。たるむとは、不用な言葉があって自ずから意味に重複を来したものを言い、たるまぬ（しまる）とは、一つの想像を表す上に詞のどれもが欠くことができず動かし難いものを言う。分りやすく言えば、虚字（「テニハ」、副詞、動詞等）が多ければたるみ勝ちとなり、名詞が多いものはしまる（正岡子規『俳諧大要』）。同じことは文章についても言える。特に口語文にはたるむものが多い。あまり意味のない、適切を欠く、不用な言葉の多い文はたるんだ感じを与える。また、想像（写実）の乏しい文もたるみがちである。感情を表す言葉は虚字に当たり、この種の言葉だけでは、却って感情を明確に表すことができない。むしろそのような言葉は制限して、その感情の原因となった物やことがらの想像を描くのがよい。その感じを説明する言葉がなくともよく分かる。推理の文でも、必要かつ十分という言葉は定まっているはずで、それ以上の言葉は不必要かつ重複となり、その文はたるむと言うことができる。

しかしあまり想像に偏して事実の記述だけになっても、ただたいくつになり、感情を表すという目的は達せられない。人が知りたいのは、やはり善悪の判断であり、好悪の批評なのであるから、必ずそれをどこかで明らかにしなければならない。推理の文でも、早く結論を見たがるので、その根拠などは深く詮索したがらないものである。従って根拠を説くことに精細を期しても、聞く人は却ってうるさくたいくつに感じることがある。それと同じく、感情を表すために想像を描くといっても程度があり、想像が感情を蔽うようであってはならない。やはり感情を表す言葉は直接であって、想像を写す言葉は間接である。感情が目的であって、想像は手段である。読む人の主体は主観であるから、それを動かすには作者の主観を以ってしなければならない。そこを考えて感情と想像のつりあい、主観と客観の権衡、を適度にしなければならないのである。写生文の「山」とは写実を介して表すべき感情のことである。事実を生かすのは作者の感興である。感興の明らかでない写実では、却って力がない。細部まで洩らさず一様に刻明に写しても面白くはないので、見る角度と焦点を明らかにしてはじめて、却って事実の感じも明らかになるのである。

絵画に画風があるように、文章にも作者その人の見かた、感じかたを表す特徴があるべきであって、それが文体である。

文字と言わず美術と言わず、人が感情を表現するには必ず写実による。形によらずには心も表すことができない。しかし形を写すのは心を写す為である。従って、形を崩すようにして心を表すこともある。形の写しかたによって心を表そうとし、写しかたを故ら目だつようにもするのである。それが作風であり、文体である。

子規も句の「たるみ」について次のように言っている。

たるみも或程度迄はたるみたるも善し。只々其程度は一々実際に就いていふより外はあらじ。又たるみ様にも全體たるみたると一部分たるみたるとあり。全體たるみたるは最美か若くは最不美なり。

句調の最もしまりたるは安永、天明の頃なりとす。故に同時代の句は概ね善し。元祿の句は之に比すれば稍々たるみたり。然れどもたるみ様全體にたるみてしかも其程らひ善ければ、元祿の佳句に至りては天明の及ぶ所にあらず。つまり元祿の佳句には瀘蓄多く、天明には少し。天保時代は總たるみにて一句の採るべきなし。和歌は萬葉はたるみてもたるみ方善し。古今集はたるみて悪し。新古今はやゝしまりたり。足利時代は總たるみにて俳句の天保時代と相似たり。漢詩にては漢魏六朝は萬葉時代と同じくたるみても善し。唐時代はたるみも少く又たるみても悪しからず。俳句の元祿時代に似たり。宋時代は總たるみといふて可ならんか。明清に至り大にしまりたる傾きあり。俳句の安永、天明に似たり。

（正岡子規『俳諧大要』）

5　自然な文体

個性による相違を別にすれば、最もよい文体は自然な文体であろう。自然な文体とは、書く人の心がありのままにすなおに表された文体であって、その工まぬ自然な言葉と調子とが、読む者を引き入れそしてどこへでも連れて行くのである。思ったままを書くということがあらゆる文体の素地と言えるであろう。思ったままを書くなら、誰にでもできそうなものであるが、これが決してそうではないので、思うことは誰もしても、それを意識するとは限らず、またそれを言葉に移す術を知っているとは限らないのである。

自然な文体は自然に書けた文体であるとともに、読む人が自然と感じる文体である。読む人、もそこに自分の心のありのままな現れを見るようなものである。従って、書く人は人々の言葉に精通し、広く人々に通じる心を持った人でなければならない。自然な文体とは、人々が暗に感じていることを、明らかに順序よく文字に表した文体である。

自然な文体には、難しい言葉や、凝った言い廻しや、故語や成語や、特殊な用語などはなく、人々が常に用いる言葉だけで何でもよく表されている。言葉や言い廻しで躓かせたり迷わしたりするようなことがない。飛躍や省略によって理解に手間取らせることもない。而もありのままな思いや感じは明らかに形づけられ、整頓され、読む者も心を照らし出されるように感じる。意想のみならず、言葉も一種の流れるような調子を帯びている。

自然な文体は、明らか壮な意想が溢れて自ずから成すものであり、それには心のいかなる動きも隈も影も捉える言葉の術を知っていなければならず、また広く人々の心を兼ね、人々の言葉の意味と感じとに通暁していなければならない。従って自然な文体は却って難しく少ないのである。自然な文体は思いそのままの話そのままではなくて、「文体」である。工夫され研磨された文体であり、特に練習される文体である。すぐれた作家は、それぞれに一種の自然な文体の持ち主である。作文の心得としては、誰も自然な文体を心がけるべきである。自然の文体の素地の上に、それぞれ個性の刻印ある文体も形づくられるのである。

自然な文体に適した言葉は話し言葉の口語である。口語は常に心と直かに結びついたものである。文章の口語化、すなわち言文一致、は自然な文体の為に土地を開き均したものと言うべきである。口語文こそ心の変化に適応してそれを正しく表し得る文章であり、またいつでも直接に新しく訴える文章である。いわゆる文語は古い口語なのであるから、新しい口語かそれに代わるのは当然な成り行きである。古い口語が文語として残って重んぜられたのは、文章としてととのっていたからである。それだけである。口語文が広く行れる時になっても、古い文章を忘れかねた人が多いのはそれである。それも一種の習慣と言うべきである。従って口語について考えるべきことは、ただそれを文章としてととのえることである。古い人々も口語文の文章としての美を解すべきであり、またその美を作ることに力めるべきである。文語も文章としての洗練では口語に教えるところが多いのであり、初期の口語文は、話そのものから作り上げられたと言うよりも、文語文を崩してそれから脱化したもののように思われるのである。

新しい口語文はまだ完成の途上にあり、文章としての完成の域に達したとは言えないのであろうし、また口語文にせっかく許された土地を耕し了えたとも言えないであろう。口語文の今日までの変化を考えてみるのに、一進一退、いつも目的に向かって正しい道を進んでいると言えない節もある。

〔完〕

編集あとがき

かつて河上徹太郎は、「〈文學界〉の人々」という随筆で、同じ「文学界」同人としての立場から仲間の面々の忌憚のない人物寸評を披瀝した。その中で、同人佐藤信衛の哲学者・批評作家としての姿勢や、日ごろの付き合いのなかで感じた人となりにも興味深く言及している。ここでは生身の人物評はさておき、哲学者あるいはもっと広く、文筆家としての特質に限定してその記事を引いてみよう。

佐藤信衛といへば、今の若い讀者には或ひは未知の名前かも知れない。〔略〕彼は「文學界」何回目かの改組で既成作家が退き、中堅作家や評論家の多數で補強された時からの有力なメンバーである。彼は〔略〕哲學といふものを一般批評家の用ひる文體でこなして書ける點で、又當時の西田・田邊哲學の風潮として、高等數學や自然科學をもとり入れた論法を用ひる點で、新しいスタイルを創造して書きまくつたのであつた。その點三木清と肩を並べ、又互に認め合ひながら、「文學界」の論陣の一翼を固めてゐた。戰後まだ割に初めの頃「新潮」に「哲學するといふこと」といふやうな題で書いた論文など、このやうな本質的で人々がうつかりすると忘れてゐることを、明快に深く掘り下げて書ける人はゐないと、久し振りで讀みながら所謂加餐を祈る氣持が強かつた

〔略〕。（「〈文學界〉の人々」一九五五年、「文學界」、『エピキュールの丘』一九五六年、講談社、『河上徹太郎全集』第五巻、一九七〇年、勁草書房）

ここでは佐藤の思想内容は別にして、その文体について言及しているところによれば、佐藤は、「哲學といふものを一般批評家の用ひる文體でこなして書ける〔人〕」、「本質的で人々がうつかりすると忘れてゐることを、明快に深く掘り下げて書ける人」と見なされていたことが分かる。これによって河上は明らかに、佐藤の文体を一般の哲学者のものとは一線を画するもの、独自なものと評価し、その文章スタイルあるいは言語観に一目置いていた様子が窺える。

河上は別の著書に佐藤の著作についての書評を収録しているが、そこでもまた上記と同様に、その独特な文章スタイルに言及している。すなわち

佐藤信衛の批評家的存在は確かに我が國にとつて新しい一つのタイプである。

勿論、佐藤君は獨創的な哲學のシステムを創造したといふのではなく、その語彙や考へ方に個性的なイディオムが出來上つてゐるやうな人でもない。然し彼の思考の「場」は少く共從來のわが哲學者や評論家のと稍々異つた所にあり、その平易で寧ろ饒舌な文章は明かに一つのスタイルを創造してゐる。そしてこのスタイルを創造してゐるといふことが、兎もあれ彼の批評家的存在が新しいタイプをなしてゐることの明らかな證據である。（「佐藤信衛「文化のため」「わが用心」」、『讀書論』一九四九年、雄鶏社）

この河上の大まかな哲学の文章スタイルに関する感想を、もう少し理論的にまとめて論じ、その改良の実践例として佐藤を取り上げたのが鶴見俊輔であった（両者の文章初出の時系列を無視していえば）。鶴見は、「哲学の言語」と題する論文において、哲学言語の現状の問題点とその改良の方向を論じた。まず言語の本質的な意味を論じ、ついで哲学言語の歴史的発展を概観し、さらに日本の哲学言語に目を転じてその現状をつぶさに考察した後、哲学言語の未来のあるべき姿について考察した。そしてその将来像を論じるくだりの終結部で、こう書いている――。

日本の哲学言語改良のために役立つ参考文献を解説する。佐藤信衛氏および三枝博音氏は、早くから俗語をとりいれることを主張しておられた。佐藤氏は、一九三五年の「用語について」でその必要を主張され、一九四八年の『考』においてその主張を論理学の領域で実行された。*（「哲学の言語」一九四九年、「思想」、『不定形の思想』一九六八年、文藝春秋）

＊　この引用で言及されている「用語について」は、「哲學の用語について」（「思想」一二九号、一九三三年、のち『新しい鍵』一九四〇年、中央公論社、所収）のことと思われる。また『考』（巻一）の発行年は、正しくは一九四九年である。なお、佐藤の著作の全体像については、竹内昭「《書誌》改訂増補・佐藤信衛著作目録」（『言語と文化』第八号、二〇一一年、法政大学言語・文化センター）を参照されたい。

ここで鶴見俊輔は、「哲学言語改良のために役立つ参考文献」として、佐藤の論文「哲学の用語について」と著書『考』をあげているが、ここに姿を現した『言葉と文体』は、それをさらに詳細にかつ体系的に論じた第三の著作と見なすことができる。狭くは哲学用語の改良の論と見ることができるが、一般的には副題にあるとおり、修辞法の試み、あるいはもっと広く言えば、文章論、言語論の一端である。したがってこの本は、期せずして、鶴見と河上の佐藤評価に対する応えとなっていると見るのは牽強付会であろうか。

佐藤信衛は、一九五四年(昭和二九年)に論文博士として文学博士号を法政大学に申請し授与された。そのとき審査論文として提出されたものは、著書として『考　巻一　新論理学』(一九四九年、日本評論社)、『考　巻二　科学の方法と分類』(一九五〇年、日本評論社)の二点、その他参考論文として「言葉と文体——修辞法の試み」(手書きの原稿)であった。この本は、そのときの提出論文のうち、「その他参考論文」の原稿を編集したものである。

佐藤が一九八九に逝去した後、著作権継承者の塙善光と佐藤の弟子たちの有志によって、氏の遺稿を編集・出版する機関として「蘿窓庵文庫」が発足した。その第一弾として、二〇〇一年に『心』(梓出版社)を刊行した。その後も当事業を続けていく予定であったが、諸般の事情で同文庫の活動は停滞していた。このまま開店休業状態を続けていくのは心苦しいと考え、塙に文庫の存続の可否について相談した。その結果、文庫は存続し、佐藤の著作は、編集委員にその意思があれば今後も刊行していきたい、との確認を得た。

当文庫編集委員会は、未刊行の手稿・原稿として残されたものを優先的に刊行していくとの方針をもっていたので、それに沿って上記論文原稿の出版を提案することにした。

この経過を二〇〇七年三月に手紙で編集委員に伝え、この私案を諮った。当初、同編集委員は六名(塙を除く)であったが、そのうちすでに二名が鬼籍に入っていたため、三名の委員に打診した。その結果、二名から賛同の回答があった(一名はその年の二月に逝去されたとご家族からの返書にあった)。

この経緯を塙に伝えて段取りがまとまり、編集・刊行の準備が始動したのは二〇〇八年師走のことであった。ただし、塙の意向で事業を迅速に進めるために、竹内がその作業を引き受けることになった。

この原稿は佐藤の遺品の中には見当たらなかったが、当時国立国会図書館の館員であった委員の一人長嶋孝行の尽力で、同図書館に博士号申請論文資料として所蔵されていることが判明した。それを長嶋が一九九〇年一月にコピーしたものを、一部は塙が保管し、一部は竹内が預かっていた。原稿はA4判四百字詰原稿用紙一九六枚にまとめられ、おそらく佐藤が依頼したと思われる書に堪能な人の手によってペン書きで清書されている。全体に旧字体・旧仮名遣いが用いられているが、ときに新字体・新仮名遣いも混じっていて不統一が見られる。時折佐藤自身の独特の書体で書き込みがあり、とくにギリシャ文字の部分は明らかに佐藤の筆跡である。

原稿の目次と本文末尾には、「六〔本刊行本では第三章・6に当たる〕、口語文の変遷（略）、五〔同、第四章に当たる〕記実の文　詩歌（略）」の記述がある。この「略」の意味は、本体では執筆されたが博士号申請の参考論文として提出する際に割愛したものか、それとも構想はしたものの実際には執筆されなかったのか不明であり、今となっては確認する術もない。

原稿からPCファイルへの入力作業は、塙公認会計士事務所の事務員、寺内由紀が担当した。達筆な筆跡に加えて、旧字体の煩瑣な書体、あるいはコピーゆえのかすれによる読みにくい原稿を、出来る限り忠実に入力する（ただし、入力不可能な文字は仮記号フォントで埋めておく）方針を立ててもらった。そうした面倒な作業に加えて、勤務の合間での仕事ゆえ、かなりの期間を要したのはやむを得なかった。入力を終えたUSBメモリーを竹内が受け取ったのは、二〇一一年五月三一日のことであった。翌日にこのWordファイルをPCに取り込み、編集作業を開始した。

元原稿での項目構成は、大項目は一、二、三、四、中項目は一、二、三、……、小項目は（一）、（二）、（三）、……となっていて章節立ての構成が必ずしもはっきりしていない。編集に当たって構成全体の見通しをよくするために、本書のように改変・整理した。

原稿の旧字体は新字体に直し、旧仮名遣いは新仮名遣いに改めた。また送り仮名は、現行のものに統一した。著者独特の文字遣いはなるべく残す方針を採ったが、明らかな誤用の場合は訂正した。ときに人名・書名に不注意と見られる誤記が散見したが、すべて各種文献に当たって一般的な表記に直した。

用語例として書かれているギリシャ文字については、ギリシャ哲学専攻の白根裕里枝法政大学講師が快く校閲してくれたうえ、PCファイルへの入力方法まで懇切に手引きしてくれた。

引用文については、原稿では読み取りにくいところが何箇所かあった。そのため、精確を期してすべて原典に当たって確認してみると、必ずしも原文どおりではなかったり、字体の書き写しに乱れが見られたりした。そこで改めて原典の原文のままに写し直した。引用に使われている原典および確認のために参照した文献を列挙する。

本居宣長『古事記傳』、『本居宣長全集』第九巻、一九六八年、筑摩書房
山田孝雄『國語の中に於ける漢語の研究』一九四〇年、宝文館
山路愛山『孔子論』一九〇五年、民友社
福沢諭吉『学問のすゝめ』一九四二年／六七年第二三刷、岩波文庫
福澤諭吉著作編纂会編『福澤諭吉選集』第一巻、一九五一年／五三年第二刷、岩波書店

大槻文彦『廣日本文典』一八九七年、大槻文彦発行／復刻版、一九八〇年、勉誠社
出口ナオ『大本神諭・火の巻』村上重良校注、一九七九年／八七年第三刷、東洋文庫三四八、平凡社
今栄蔵校注『芭蕉句集』新潮日本古典集成、一九八二年、新潮社
正岡子規『俳諧大要』一九五五年、岩波文庫

巻末に編集子の作成になる「人名解説・索引」を付した。これには本文を補足する注の機能ももたせた。作成に当たって各種人名、歴史、哲学辞・事典を参考にしたが、とくにレトリック関係の人名については、下記の文献および情報サイトを参照した。

佐藤信夫・佐々木健一・松尾大『レトリック事典』、二〇〇六年、大修館書店
情報サイト　http://en.wikipedia.org（ウィキペディア英語版）

当出版編集のために塙公認会計士事務所が提供され、塙伊子が事業総務を担当した。
前著に続いて、本書の出版を快く引き受けてくれた梓出版社の本谷貴志氏に心から感謝申しあげる。

二〇一一年六月三〇日

竹内　昭

人名解説・索引

ア行

アリストテレス　Aristotelēs, 384–322 B.C.　5, 6, 8, 9, 10, 25, 65
ギリシャの哲学者。トラキアのスタゲイロスに生まれ，アテネで20年間プラトンに師事した。第一哲学（形而上学）や，論理学，自然学，実践学，制作学に関する百科にわたる大部の著作を残した。レトリック関連では『詭弁反駁論』，『詩学』，『トピカ』，『弁論術』（*Tekhnē Rhētorikē / Ars Rhetorica*）などがある。のちにアリストテレス学派が論理学を〈オルガノン〉と呼ぶようになって以来，これがアリストテレスの論理学に関する著作の総括的な名称となった。

アンデルセン　Andersen, Hans Christian, 1805–1875.　34
デンマークの詩人・童話作家。初期の著作『即興詩人』で，イタリアの自然を背景とする少年と歌姫との純愛物語を書いた。その他の作品に『絵のない絵本』，『みにくいアヒルの子』などがある。

五十嵐力　いがらし・ちから，1874–1947.　10
国文学者，文学博士。米沢市生まれ。東京専門学校（のちの早稲田大学）卒。早稲田大学講師を経て教授。修辞学者の権威で，名文家として知られる。著書に『修辞学綱要』，『文章講話』，『新国文学史』などがある。

オイラー　Euler, Leonhard, 1707–1783.　81
数学者。スイス・バーゼル生まれ。1743年，プロイセン王の懇請によってベルリン・アカデミーに入る。数学の研究では多方面におよぶ業績を残したが，論理学では，オイラーの図式と呼ばれる，命題の主語・述語を包摂関係で示す図を考案した。

大槻文彦　おおつき・ふみひこ，1847–1928.　51
国語学者。名は清復，号は復軒。儒学者磐渓の次男。江戸に生まれた。開成学校などで学び，漢学，洋学，英語などを修めた。第一高等学校教諭，高等師範講師等を歴任。国語辞書『言海』を編修・刊行。歿後その改訂・増補版『大言海』が刊行された。また国文法研究に画期をもたらした『廣日本文典』を著した。

カ行

ガウス　Gauss, Johann Karl Friedrich, 1777–1855.　81
ドイツの数学者，天文学者。ブラウンシュヴァイク生まれ。幼くして数計算に特異な才能を発揮。長じて古典を学ぶ一方，数学・天文学を研究。ゲッティンゲン大学教授。整数論の体系化，正17角形の幾何学的作図法の解明等により，近代数学の創始者の一人となる。整数論に大著『数論』がある。

カント　Kant, Immanuel, 1724–1804.　34, 63
ドイツ啓蒙期の批判精神を代表する哲学者。東プロイセン・ケーニヒスベルク

生まれ。フィヒテ，シェリング，ヘーゲルと続くドイツ観念論哲学の源泉。ライプニッツ＝ヴォルフ流の形而上学を独断論として批判し，理性の能力を精査して認識の範囲を経験界に限定し，新しい形而上学を構想した。主著に『純粋理性批判』，『実践理性批判』，『判断力批判』があり，合わせて三批判書と呼ばれる。

キャンベル　Campbell, George, 1719–1796.　10
啓蒙主義哲学者。スコットランド生まれ。神学，修辞学，言語学を修める。長老派教会の牧師。著書に『奇跡論』(*A Dissertation on Miracles*)，『四つの福音書』(*The Four Gospels*)，修辞学関係では『レトリックの哲学』(*The Philosophy of Rhetoric*) がある。

キリスト（基督）　Jesus Christ, 4–7 B.C.–A.D.26–36.　44
キリスト教の開祖。名はイエス。ローマ支配下ガリラヤのナザレ出身。キリストは「塗油を受けたもの」すなわち「救世主」を意味する。当時のユダヤ教指導層のひたすら律法を守ることで「神の国」に入れるという硬直した考えを批判し，そうした組織から疎外された者たちこそ救済されるべきという思想を説いた。こうした動きに危機感を抱いたユダヤ教指導層によってローマ当局に告発され，総督ピラトによって十字架刑に処せられた。

クインティリアヌス　Quintilianus, Marcus Fabius, ca.35–ca.100.　10
ローマ帝国の修辞家。スペインのカラグリス生まれ。門下にプリニウス（小）がいる。教育の最高の目的は雄弁家の育成であるとし，ルネサンス時代の人文主義の学者に大きな影響をおよぼした。著作に『雄弁家教育論』(12巻)(*Institutio Oratoria*) がある。

孔子　K'ung-tzŭ / Confucius, 551/2–479 B.C.　44
儒教の祖。魯の昌平邑出身。名は丘，字は仲尼。その言行を収録した『論語』は，儒教として中国思想の根幹となり，日本の思想形成にも多大な影響を与えた。孔子の根本思想は修己治人，すなわち人倫の道の実現（道徳）を目指し，混乱した社会の統一（為政）を実現することであった。

サ行

ザビエル〔シャヴィエル〕　Xavier, Francisco de, 1506–1552.　68
スペイン人宣教師。イグナチオ・ロヨラとともにイエズス会を設立した。ポルトガル王の命を受けて東方伝道を志し，日本にはじめてキリスト教を伝道した。大内義隆，大友宗麟などの保護を受けた。グレゴリウス15世により列聖された。

シーボルト〔ジーボルト〕　Siebold, Philipp Franz von, 1796–1866.　68
ドイツの医者・博物学者。1823（文政6）年に長崎出島のオランダ商館に医師として着任。日本の動植物，地理，歴史，言語，風俗等に関する万般の研究資料を収集し，記述を行った。国禁の地図の海外持ち出しが発覚して罪に問われ，国外追放処分にされた。オランダに帰国後，日本に関する多くの著作を刊行した。著書に『日本』，『日本動物誌』，『日本植物誌』などがある。

島村瀧太郎　しまむら·たきたろう，1871–1918.　10
評論家，演出家。雅号，抱月。島根県生まれ。東京専門学校卒。早稲田大学教授。自然主義文学の理論的支柱となった。松井須磨子らと「芸術座」を組織し，西洋近代劇の紹介に貢献した。著書に『新美辞学』，『近代文芸之研究』など。

釈迦〔釈迦牟尼〕　Sākiyamuni，ca.566–486/ca.463–383 B.C.　44
仏教の祖。本名ゴータマ・シッダールタ。釈迦牟尼は釈迦族出身の聖者（釈尊）を意味する。王族の太子に生まれ，結婚し子も得たが，人生の苦に悩み，修行のため各地を遍歴し大悟を得た。行為の規範としてのダルマ（dharma）に則った実践的な知識によって，上流知識階層のバラモンの祭儀方式の重圧と呪文の恐怖から民衆を解放しようという意図から，仏教が創唱された。

シャウプ　Shoup, Carl Summer, 1902–2000.　53
アメリカ合衆国の経済学者，税制法学者。コロンビア大学教授。彼を団長とするアメリカ使節団の日本の税制改革に関する勧告を「シャウプ勧告」という。勧告の主な内容は，所得税中心主義の徹底，資本蓄積のための減税措置，地方税を独立税とする，等であった。

荀子　Xunzi / Hsün–Tzū, ca.298–ca.235 B.C.　44
名は況。孔子，孟子を継ぐ戦国末期の儒教思想家。孟子の性善説に対して性悪説を唱え，「偽」（人為）こそ善であると説き，知を重視した。言論説としては，その言行録『荀子』のうち「正名篇」によって，名・実の関係を論じて正しい弁論，論証，議論のあるべき姿を説いた。その意味では，「正名篇」は修辞学の書である。

タ行

タウト　Taut, Bruno, 1880–1938.　68
ドイツの建築家。ケーニヒスベルク生まれ。表現主義建築の先導者の一人。1933 年に来日し，各地を巡って古建築を視察，桂離宮の建築美を称揚した。建築設計，都市計画にも有力な助言をし，日本文化への理解を深めた。著書に『日本文化私観』，『日本美の再発見』などがある。

ダ・ヴィンチ〔レオナルド〕　Leonardo da Vinci, 1452–1519.　69
ルネサンス期イタリアの美術家，科学者，万能型知識人。トスカーナ地方ヴィンチ出身。フィレンツェの工房で学びミラノで活躍した。絵画のほかに，彫刻，建築，築城，人体解剖から，広く自然科学全般にも通じ，「解剖手稿」等，数多くの手稿を遺した。著書に『絵画論』，絵画の代表作に《最後の晩餐》，《モナ・リザ》がある。

デカルト　Descartes René, 1596–1650.　24, 81
フランスの哲学者，数学者，解析幾何学の創始者。スコラ学の教育を受け，1629 年以降オランダで研究に従事。確実な真理を獲得するために，疑わしいものをすべて疑ったうえで，私自身の存在は疑い得ないとし，「われ思う，ゆえにわれ在り」（*cogito, ergo sum.*）という根本的な知見に到達し，これを真の認識の

第一原理とした。また「明晰判明」，「生得観念」説によって精神と物体とを互いに独立なものとする二元論をたてた。主著に『方法序説』，『省察』，『哲学原理』など。

出口ナオ　でぐち･なお，1838–1918.　63
天保の大飢饉のさなかに，丹波の国（現・京都府）福知山に生まれた。9歳で父を失い，福知山の城下町綾部に住む叔母・出口ユリの養女となった。大本教の創唱者・教主。『大本神諭・天の巻／火の巻』は，ナオが記した膨大な「お筆先」を，彼女の女婿の出口王仁三郎（1871–1948）が整理して公にした大本教の経典である。

ハ行

芭蕉　ばしょう，1644–1694.　86
江戸前期の俳人。姓は松尾。伊賀上野の人。名は宗房，号は桃青，風羅坊など。北村季吟に貞門俳諧を学ぶ。談林風を経て蕉風俳諧を確立。『芭蕉七部集』によって，それまで諧謔の傾向が強かった俳諧に文学性を与え，多くの門弟を導いた。各地を旅し多くの紀行文を残した。『野ざらし紀行』，『笈の小文』，『更科紀行』，『奥の細道』などがある。

パスカル　Pascal, Blaise, 1623–1662.　25, 81, 82
フランスの数学者，物理学者，キリスト教思想家。流体力学，確率論，積分法などで業績をあげた。哲学では，演繹による抽象的な「幾何学的精神」に対して，直観的な「繊細の精神」の重要性を説いた。その宗教的・文学的な著作『パンセ』は，広く読まれ多大な影響を与えた。

ハルトマン　Hartmann, Karl Robert Eduard von, 1842–1906.　34
ドイツの厭世主義哲学者。シェリングの影響下に，ショーペンハウアーの〈生きる意志〉とヘーゲルの世界秩序としての〈理性〉とを二つの属性とする絶対者を無意識とし，『無意識の哲学』を著した。この立場から，認識論，倫理学，美学を論じた。森鷗外関連では『美学』（2巻）（*Ästhetik*）がある（「森鷗外」の項参照）。

ハーン　Hearn, Lafcadio, 1850–1904.　68
作家・文芸評論家。ギリシャ生まれのイギリス人。アイルランドの軍医とギリシャ女性との間に生まれた。日本名は小泉八雲（こいずみ･やくも）。1890年に来日し，小泉節子と結婚，のち帰化した。松江，熊本で教鞭を取ったのち，東京帝国大学や早稲田大学で英文学を講じた。『知られぬ日本の面影』，『心』，『怪談』，『神国日本』等，日本紹介の多くの著作を残した。

福沢諭吉　ふくざわ･ゆきち，1834–1901.　46, 47, 48
啓蒙家，教育家。中津藩出身。緒方洪庵の塾で蘭学を学び，1858年，江戸に蘭学塾を開設，のちに慶應義塾と称した。イギリスの功利主義思想にもとづいて「実学」を奨励。著書に『西洋事情』，『学問のすゝめ』，『文明論の概略』など。

人名解説・索引

プラトン Platōn, 427-347 B.C.　8, 9, 25
ギリシャの哲学者。アテネの名門の出。ソクラテスの弟子。師の死後，その思想を弟子たちとの問答という文学的な形式を用いて，対話篇という著作の形で伝えた。純粋思考の形式をイデアと呼び，それと個物との関係，叡知界（イデアの世界）と感覚界（経験の世界）との関係を実物と影，原型とその不完全な模像との関係と説いた。広範の問題をあつかった対話篇を残しているが，レトリック関係では，『ソピステス』，『パイドロス』，『ゴルギアス』等がある。

ブレア Blair, Hugh, 1718-1800.　10
スコットランドの聖職者・詩人。エディンバラで説教師となり，詩学・修辞学の教授もつとめた。主著『レトリックおよび文芸講義』（2巻）（*Lectures on Rhetoric and Belles Letters*）で，ロマン派文学への道を開いた。

ベーコン，F. Bacon, Francis, 1561-1626.　10, 24
イギリス経験論の祖。大陸合理論の代表と目されるデカルトとともに，近世哲学の先駆者と見なされる。アリストテレス流の目的論や演繹的推理を排し，確実な認識は経験・実験によってとらえられると主張して原因を探究する方法を説き，近代科学の方法である帰納法すなわち「形相（原因）の探究」の方法を基礎づけた。これを説いたのは，著書『新機関』（*Novum organum*）であるが，これはアリストテレスの形式論理学である〈オルガノン〉に対して，新しい認識方法を提唱するという意味での〈新しいオルガノン〉である。

ベーコン，R. Bacon, Roger, ca.1210/14-ca.1294.　24
イギリスのスコラ学者。フランチェスコ教団の僧。思弁的学風に反対して経験を尊重し，自然科学の研究と実験的観察につとめた。著書『大著作』（*Opus majus*）で実験的方法を説いた。

ヘーゲル Hegel, Georg Wilhelm Friedrich, 1770-1831.　34
ドイツの哲学者。シュトゥットガルトの官吏の子。イェナ，ハイデルベルク大学で教えた後，ベルリン大学教授。絶対的観念論の立場をとり，自然・歴史・精神の全世界を不断の運動，変化，発展の過程として示し，その発展の歩みを弁証法として論じた。その哲学体系は「論理学」，「自然哲学」，「精神哲学」の3部門からなる。主著に『精神現象学』，『大論理学』，『エンツィクロペディー』などがある。

ベーメ Böhme, Jakob, 1575-1624.　63
ドイツの神秘主義哲学者。ゲルリッツ近くの貧家に生まれ，製靴を業とした。独学で聖書やパラケルススなどを研究して神の自己顕現の原理を説き，その間の神秘体験を『曙光』（*Aurora*）として著した。ヘーゲルやショーペンハウアーらに影響を与えた。

ホェイトリー Whately, Richard, 1787-1863.　10
修辞学者，論理学者，経済学者，神学者。ダブリン大司教。ロンドン生まれ。修辞学・論理学関連の著書に『レトリック要理』（*Elements of Rhetoric*），『論理学初歩』（*Elements of Logic*）がある。

マ行

正岡子規　まさおか・しき，1867–1902.　96, 98, 99, 100
松山藩出身。本名は常規。別に獺祭書屋主人，竹の里人などと号した。俳人・歌人・随筆家。東京大学国文科中退。闘病生活の中で文学活動を展開した。盲目的な芭蕉追随を批判して蕪村を称揚した。写生文を提唱し，伊藤左千夫，長塚節，夏目漱石らの小説に影響を与えた。著書として，俳論に『俳諧大要』，『行脚俳人芭蕉』，病床随筆に『仰臥漫録』，『墨汁一滴』，『病床六尺』などがある。

ミル　Mill, John Stuart, 1806–1873.　10
イギリスの経験論哲学者，経済学者。『論理学体系』（*A System of Logic*）で，F.ベーコンの帰納法を発展・整備して「実験的研究の4つの方法について」の標題のもとに集大成した。倫理学では『功利主義』を著してベンサムの理論を継承したが，ベンサムの功利の原理ではもっぱら計量の性格が勝っていたのに対して，ミルは質的差異も認め，その説には理想主義的な傾向が見られる。

モース　Morse, Edward Sylvester, 1838–1925.　68
アメリカの動物学者。御雇外国人教師。1877（明治10）年に来日し，東京大学で動物学を講義してダーウィンの進化論の普及に尽くした。東京都大森に貝塚を発見して発掘（大森貝塚），その後各地の古墳を発掘して，日本の人類学・考古学研究の基礎を築いた。著書に『動物学教本』，『日本その日その日』などがある。

本居宣長　もとおり・のりなが，1730–1801.　20
江戸時代の国学者。伊勢松坂の人。号は鈴屋《すずのや》など。荷田春満，賀茂真淵，平田篤胤とともに国学四大人の一人に数えられる。京都で医を学び，松坂に帰って診療所を開業する傍ら国学を学び，ことに賀茂真淵の影響を受けた。「源氏物語」など平安文学を研究して〈もののあはれ〉を提唱した。さらに「古事記」の研究によって，その語句・文章の精緻な研究によって古代精神を探究した。著書に『源氏物語玉の小櫛』，『古事記伝』，『玉くしげ』，『直毘霊』など多数。

森鷗外　もり・おうがい，1862–1922.　34
小説家・評論家・翻訳家・軍医。島根県の生まれ。本名林太郎。ドイツに留学後，軍医の傍ら文学活動に励んだ。『舞姫』，『うたかたの記』によって文壇の高い地位を得た。さらに『青年』，『ヰタ・セクスアリス』，『雁』などで自然主義文学に対して独自の作風を示した。その他，多くの歴史小説，史伝体小説を残し，翻訳書も多数ある。E.ハルトマンの美学を翻訳・紹介したものに『審美綱領』がある。その冒頭の「凡例」（森林太郎・大村西崖識）につぎのような記述がある。「一，審美綱領はエヅアルト，フォン，ハルトマン Eduard von Hartmann の所著美の哲學 Philosophie des Schoenen の大綱を編述す。二，是書は翻譯若くは抄譯に非ず。唯々義を取りて編述せるのみ。〔略〕」（『鷗外全集』第21巻，1973年，岩波書店）。また「審美綱領廣告文（二種）」として，「審美

綱領は森林太郎大村西崖二氏の編述にして，審美學の大綱領を説き，具に高大深遠なる理を傳ふるなり。〔略〕」，「〔略〕今更ながら前世紀の最大哲學者たると認識せしめし，エヅアルト，フォン，ハルトマンの大著述なる審美學の梗概を，極力縮寫したるものなり。〔略〕」（同上，第38巻，1975年）。

ヤ行

史家・ジャーナリスト。江戸生まれ。本名弥吉。別号に読破書万巻楼主人。東洋英和学校に学び，キリスト教伝道に従事した。《国民新聞》紙上や《国民之友》誌上で文学論，史論を発表し，のちに《信濃毎日新聞》の主筆となる。その思想の根底には儒教と唯物史観とがあり，それを独自に融合して国家社会主義を唱えた。著書に『孔子論』ほか，多数の歴史人物評伝がある。

国文学者・国語学者。富山市生まれ。小学校卒業後，ほとんど独学で各種教員免許を取得，各地の小中学校の教員を歴任した。のち日本大学で講じ，その後東北大学教授，神宮皇学館大学学長。文化功労者となり，文化勲章も受章した。国文学関係の著書も多数あるが，国文法・国語学関連では，引用された著作のほかに『日本文法論』，『日本文法概論』，『国語学史』，『仮名遣の歴史』等がある。

アレキサンドリアの数学者。先人と自らの幾何学の研究を『原論』（*Stoikheia*）として集大成した。これによってはじめて幾何学は公理的な演繹体系として完成した。以降この書は，19世紀にロバチェフスキー＝ボヤイによる非ユークリッド幾何学が現れるまで，幾何学体系の標準の地位を保った。

（作成　竹内昭）

著者紹介

佐藤信衛（さとう・のぶえ）

1905 年　水戸市生まれ，1989 年歿
1928 年　東京帝国大学文学部哲学科卒
1940 年　法政大学法文学部専任講師
1951 年　同文学部教授
1954 年　文学博士（論文，法政大学提出）
1972 年　法政大学名誉教授

主要著書
『自然の認識に於ける原理』1932 年，鐵塔書院
『冬の一夜』1939 年，創元社
『哲学試論集』1941 年，創元社
『近代科学』第一巻・第二巻，1943 年，日本評論社
『西田幾多郎と三木清』1947 年，中央公論社
『論理学案内』1956 年，日本評論社
『心』2001 年，梓出版社

主要翻訳書
カント「三段論法に四格を分けるのは詳し過ぎたる謬であること」「負量の考を哲学に応用する試み」「思考の方向を定めるとは」，『カント著作集』15，1939 年，岩波書店
デカルト『哲学の原理』，『デカルト選集』第 3 巻，1939 年，創元社

＊　全著作については，竹内昭「《書誌》改訂増補・佐藤信衛著作目録」（『言語と文化』第 8 号，2011 年，法政大学言語・文化センター）参照

言葉と文体 ——修辞法の試み

2011年11月1日　第1刷発行　《検印省略》

著　者　佐藤信衛
著作権者　塙　善光
発行者　本谷高哲
制　作　シナノ書籍印刷
東京都豊島区池袋4-32-8

発行所　梓出版社
千葉県松戸市新松戸7-65
電話 047（344）8118番

乱丁・落丁本はお取り替えいたします。

ISBN 978-4-87262-026-9　C3010